取調べの
ビデオ録画

―― その撮り方と証拠化 ――

牧野　　茂　編
小池　振一郎　編

青木　孝之
指宿　　信
周防　正行
平山　真理

成文堂

推薦のことば

『そもそも人は見たいものしか見ない』

　2017年12月10日青山学院大学で、公開シンポジウム「取調べのビデオ録画──その撮り方と証拠化──」が開催されました。そこに参加させていただいたご縁もあって、本書の推薦文を書かせていただく光栄に与りました。そのときの「パネルディスカッション」の内容をまとめたのがこのブックレットです。ページをめくるたびに、当日の熱気がよみがえってまいります。あらためて、当日のパネラーの皆様のご発言にちりばめられていた言葉の数々が思い出され、再び感動を覚えています。冒頭のフレーズは、パネラーのおひとり映画監督周防正行氏の発言のなかに出てきたものです。映画における「モンタージュ理論」、ちょっと聞きなれない言葉ですが、そこから話がはじまりました。１つの映像の意味付けというのは、その映像を見る側が、そのカット前に何を見ているか、あるいは何を感じていたかによって違うのだという説明があり、それと同様に、人は同じ表情であっても、ちょっとしたガイドを与えるだけで、いろいろの異なった表情をそこに読み取ろうとするというのです。それは、まさに「人は見たいものしか見ない」ということの意味そのものでした。まったくそのとおりだと納得したものです。目の前にいる人物が殺人を犯した犯人かもしれないというシチュエイションの下に、ある人物をながめていけば、自然とそのしぐさや表情のなかに犯人である徴憑を探そうとしてしまう、それが人間の心理のように思われます。これは、もう１人のパネラーである指宿信教授が取調べ録画における「カメラ・パースペクティブ・バイアス」として説明された取調べの録画映像の持つ危険性につながります。ここまでのお話を聞いただけで、このシンポジウムに参加して本当によかったと思ったものでしたが、ここから、話題は、可視化の意義は何か、可視化をどのように意味付けるか、一部録音・録画の問題点、取調べ録画を実質証拠とすることの可否、取調べそのものの改革問題等々へとテンポよく展開します。青木孝之教授、小池振一郎弁護士、平山真理教授が、牧野茂弁護士の軽妙な司会に応じて、得意分野のエッセンスを熱く語られま

推薦のことば

した。このブックレットには、このような興味深い内容のすべてが当日の発言どおりに収められています。そのほか、指宿教授が自ら行われた映像バイアスに関する実験の映像を見せてくださったことも忘れられません。被疑者が画面の正面に来るSF（サスペクトフォーカス）、取調官が正面に来るDF（ディテクティブフォーカス）、横から撮るEF（イコールフォーカス）におけるバイアス効果の違いを見るというものです。さすがに、その動画映像を再現することは無理ですが、このブックレットでは、当時の映像が写真で紹介されています。

　以上のパネルディスカッションの再現が本ブックレットのメインですが、本書には、司会をされた牧野弁護士が精緻な理論を縦横に展開された「取調べの録音・録画——今市事件を契機として——」（初出：週刊法律新聞2183号ないし2185号所収）をはじめ有益な論文も登載されています。併せてお読みいただければ、極めて有益と存じます。以上の次第で、心より推薦させていただきます。どうか楽しくお読みください。

2018（平成30）年6月

弁護士・元東京高等裁判所部総括判事

門　野　　博

はしがき

　本書『取調べのビデオ録画――その撮り方と証拠化――』は、そのテーマで2018年12月10日に青山学院大学にて裁判員経験者ネットワーク主催、青山学院大学裁判員研究会共催で開催された公開シンポジウムを記録化したものである。

　この公開シンポジウムは、取調べのビデオ録画の危険性が問題となった所謂今市事件判決を契機に有志による研究会が集中的に開かれ、それが出発点になり、論客がパネリストに参加されて実現した。主催者の大城聡弁護士が総合司会を、共催者の新倉修青山学院大学名誉教授が開会の挨拶を、濱田邦夫元最高裁判所判事が閉会挨拶をされた。

　まず、パネリスト各位の熱い議論に感謝したい。会場は関心の高い法曹関係者、司法記者、市民の熱気で質疑まで盛り上がった。その会場提供にご協力いただいた青山学院大学の新倉修名誉教授に感謝を申し上げたい。また会場でビデオ撮影を担当された裁判員経験者の高橋博信氏にも感謝したい。彼の撮影により公開シンポジウムが可視化され本書刊行につながった。本書はこれら関係者の共同作業から生まれた。

　最後に、本書の出版に当たっては、成文堂の阿部成一社長に温かなご配慮をいただき、また編集部の田中伸治さんには、校正、編集等をはじめ全体にわたりお世話になった。厚く御礼を申し上げたい。

　今市事件控訴審判決を控え注目されるこの時期での刊行に間にあわせることができた。取調べビデオ録画の可視化メリット論が先行するなかで、本書が、ビデオ録画の撮り方と証拠化の危険性を広く問題提起する警鐘の書となれば幸いである。

　2018年6月吉日

編者　牧野　茂／小池 振一郎

目　次

推薦のことば …………………………………………………… i
　　　　　　　　　　　　　　　　　　　　門野　博
はしがき ………………………………………………………… iii

今市事件の概要 ……………………………………………… 1

《パネルディスカッション》
取調べのビデオ録画──その撮り方と証拠化──
　　指宿　信＝周防　正行＝青木　孝之＝小池　振一郎＝平山　真理＝牧野　茂
　1　はじめに ……………………………………………………… 4
　2　取調べ録画に伴う映像バイアス …………………………… 5
　3　取調べのビデオ録画の証拠化の危険性 …………………… 9
　4　取調べの可視化論 ………………………………………… 14
　5　代用監獄の廃止と刑事司法改革 ………………………… 18
　6　自白の任意性、信用性及び補助証拠の意義 …………… 23
　7　一部録音・録画の問題性 ………………………………… 25
　8　録画媒体の実質証拠化の問題性 ………………………… 28
　9　撮影方向のインプレッション効果の問題 ……………… 36
　10　録音・録画の実験映像と撮影方法の問題点 …………… 39
　11　会場からの質疑応答 ……………………………………… 44
　12　お わ り に ………………………………………………… 49

目　次

(緊急寄稿)
今市事件判決を受けて──部分可視化法案の問題点──
小池　振一郎

　Ⅰ　部分可視化の力と危うさ ……………………………………………… 57
　　1　今市事件の取調べの録画（57）
　　2　別件逮捕・起訴と部分録画（58）
　Ⅱ　部分可視化法案 ………………………………………………………… 59
　　1　可視化担保措置の無力（59）
　　2　例外規定（60）
　Ⅲ　公判中心主義に反する取調べ録画の証拠化 ………………………… 60
　　1　取調べ録画の証拠化の危うさ（60）
　　2　取調べ録画の証拠としての使われ方（61）
　　3　取調べ録画の証拠化を促進する法案（62）

取調べの録音・録画──今市事件を契機として──
牧野　茂

　Ⅰ　今市事件に注目して検討を開始した経過 …………………………… 63
　Ⅱ　今市事件の提起した録音・録画を中心とした問題点の概要 ……… 66
　Ⅲ　録音・録画を実質証拠として供述態度から犯人であることの心証を得
　　たことの問題性 ………………………………………………………… 67
　Ⅳ　映像のインプレッション効果からの判断の偏り傾向の問題点 …… 73
　Ⅴ　一部録音・録画の再生に過ぎないため自白にいたるまでの捜査
　　機関での取調べに任意性があったかが疑問である点の問題性 ……… 77
　Ⅵ　録音・録画以外の付随問題点 ………………………………………… 79
　Ⅶ　今後の課題 ……………………………………………………………… 80

今市事件裁判員裁判と取調べ録音・録画の課題

平山 真理

 Ⅰ 本稿の目的 ………………………………………………………… *95*
 Ⅱ 今市事件裁判員裁判とは ………………………………………… *95*
  1 事件の概要と被疑者逮捕、そして殺人事件で起訴に至るまで（*95*）
  2 公判（*97*）
  3 判決の宣告（*100*）
 Ⅲ 今市事件裁判員裁判を振り返る ………………………………… *102*

【資料】日本弁護士連合会・平成30年3月27日付要望書 ……………… *105*

今市事件の概要

　2005年12月栃木県今市市（現・日光市）の小学１年女児が一人で下校途中に行方不明になり、翌日山林で遺体が発見された。
　事件発生から８年半後の2014年１月商標法違反で容疑者が別件逮捕された。
　別件逮捕勾留中の取調べは一切録音・録画されていない。同年２月、別件起訴時の検事取調べで本件殺害を初めて自白したとされるが、この取調べは録画されていない。
　被告人はすぐに否認し、本件での取調べが続いた。別件起訴後勾留中の本件取調べは３カ月半に及んだ。その間、検察取調べは録画されたが、警察取調べは録画されなかった。同年６月３日本件で再逮捕されてからようやく警察取調べの録画が開始された。ここでは、録画する場面としない場面が使い分けられたといわれる。この間供述は変遷していた。
　同月24日、本件で起訴された。別件逮捕から本件起訴までの147日間被疑者は代用監獄に収容され、取り調べられた。被告人は、本件起訴後も代用監獄に収容され続け、１カ月半後にようやく拘置所に移された。
　2016年２月宇都宮地裁で本件裁判員裁判の公判が始まった。被告人は、公判段階では、全面否認した。
　検察官は、被害者の遺体から採取された獣毛のDNAが被告人の飼い猫と同種であるとか、被告人車両が遺体発見日の未明に自宅から茨城県方面に向かい数時間後に自宅に戻るという記録があるなど、客観的事実が存在すると主張するとともに、取調べの録音・録画記録81時間分を証拠申請した。公訴事実立証のための実質証拠としてと、捜査段階での自白調書の任意性及び信用性立証のための補助証拠としてであった。弁護側は実質証拠とすることに反対したが、補助証拠としての使用には同意した。
　双方が合意し編集した録画７時間分が証拠採用され、公判廷で再生された。これだけ長時間の再生は異例である。

1

今市事件の概要

　同年4月8日、宇都宮地裁は、自白調書の任意性、信用性を認め、被告人に求刑通り無期懲役を言い渡した（宇都宮地判平成平成28・4・8判時2313号126頁）。

　判決後の記者会見で裁判員たちが、「映像には文面だけでは伝わらない情報がたくさんあった」「録画がなければ判断できなかった」、「録画を見なければ違う結論になったかもしれない」などと口々に述べた。検察（とりわけ、取調べ検事交替後）での「丁寧な」取調べの模様や、自白後、身振り手振りで具体的に供述する場面が録画されており、調書の任意性・信用性判断の決め手になったといわれる。

　本件は控訴され、現在、東京高裁で審理されており、2018年6月3日に結審し、同年8月3日に判決が言い渡される予定である。

《パネルディスカッション》

取調べのビデオ録画
――その撮り方と証拠化――

成城大学教授　　**指宿　　信**
映画監督　　　　**周防　正行**
一橋大学教授　　**青木　孝之**
弁　護　士　　　**小池振一郎**
白鷗大学教授　　**平山　真理**
弁　護　士　　　**牧野　　茂**（司会）

――――――――〈目　　次〉――――――――

1　はじめに
2　取調べ録画に伴う映像バイアス
3　取調べのビデオ録画の証拠化の危険性
4　取調べの可視化論
5　代用監獄の廃止と刑事司法改革
6　自白の任意性、信用性及び補助証拠の意義
7　一部録音・録画の問題性
8　録画媒体の実質証拠化の問題性
9　撮影方向のインプレッション効果の問題
10　録音・録画の実験映像と撮影方法の問題点
11　会場からの質疑応答
12　おわりに

1　はじめに

大城聡弁護士：パネルディスカッションの進行は、裁判員経験者ネットワーク共同代表の牧野弁護士にお願いしたいと思います。それでは、ここからよろしくお願いいたします。

牧野：皆さん、こんにちは。第二部のパネルディスカッションの司会を担当する弁護士の牧野といいます。最初に、なぜ、このパネリストの方が集まっていただけたかということの説明を紹介を兼ねて行います。

お手元に週刊法律新聞のピンクで塗ってある配付資料があります。実はこれがきっかけになりました。この週刊法律新聞で検討会をした経過が書いてあります。もともと判決の記者会見と判決要旨を読んで、録音・録画は、冤罪を防いで適正な取調べするために始まったはずなのに、読むと、犯人性の証拠に録音・録画、特に顔の表情や供述態度が使われていることに衝撃を受けて、こんなことでいいのか研究しようと、仲間に声を掛けました。

裁判員制度の勉強会をそれまでもやっていたので、今日、講師でパネリストでいらっしゃる小池さん、それから平山さんも勉強会に参加してくれまして、3回連続で現地の司法記者と一緒にやりました。ここで、文献をいろいろ調べていくうちに、今市事件の問題点が3点ありまして、さっき発表ありましたけども、本来、任意性だけのための映像を実質証拠としたこと、それから、一部録音・録画しかしてないこと、もう一個が撮影方向で、真正面から写すとインプレッション効果で、ほんとのことを任意に話している印象を与えるという、3点の問題点があることに気付きました。そして、インプレッション効果について、指宿さんの論文を読ませていただきまして、青木さんの実質証拠性についての論文も読ませていただきました。それで平山さんと小池さんも来ていただいたということで、これは全部、この中にお名前が紹介してありますので、これ読んでいただければパネリストの紹介にもなると思います。

この進行については、とりあえず、それぞれパート、専門の分野がありますので、最初に15分ずつぐらい、そのパートについて話していただいて、それが終わったあとで、テーマ別のディスカッションしていこうと考えております。最初に、撮影方向からくるインプレッション効果についてご研究されて、論文もここに載せさせていただいて話題になっています。指宿さんのほうから、DVDの実験ビデオを見せていただくということで、それも含めて、15分ほどお願いできればと思います。

2 取調べ録画に伴う映像バイアス

指宿：大変お待たせしました。今日、私が呼ばれたのは、取調べ録画に伴う映像バイアスについて話せ、ということです。カメラ・パースペクティブ・バイアスと呼ばれる、カメラのアングルに伴って、見る者にどのような無意識的な効果が表れるかという研究を中心にお話しします。

私はこの関係でこれまで3冊ほど本を出してます。一番最初は、『被疑者取調べと録画制度』という商事法務から7年前に出したものです。今日の資料に、『取調べ録画制度における映像インパクトと手続法的抑制策の検討』という判例時報1955号のコピーを入れていただいてます。大事なのは発行年が入ってないんですが2008年です。今から9年前にカメラのアングルによるバイアスが生じるよ、という海外の研究、今からご紹介するダニエル・ラシターというオハイオ大学の心理学の教授がやった膨大な研究を要約して判例時報に載せました。

判例時報に載せたことの意味は、たくさんの法曹界の人たちに読んでほしいからです。その論文をこの『被疑者取調べと録画制度』に収録しておりました。次に、2011年に取調べを受けた人たちの声も集めて、『取調べの可視

いぶすき・まこと

1959年京都市生まれ。'82年島根大学法文学部卒業。'89年北海道大学大学院博士後期課程単位取得。'91年法学博士（北海道大学）。鹿児島大学教授、立命館大学法科大学院法務研究科教授などを経て、2009年より成城大学法学部教授。〈主要著書〉『刑事手続打切り論の展開：ポスト公訴権濫用論のゆくえ』（2010年、日本評論社）、『取調べの可視化へ！ 新たな刑事司法の展開』（共著、'11年、日本評論社）、『証拠開示と公正な裁判』（'12年、現代人文社）、『えん罪原因を調査せよ！』（監修、'12年、勁草書房）、『とらわれた二人 無実の囚人と誤った目撃証人の物語』（共訳、'13年、岩波書店）、『アメリカ捜査法』（監訳、'14年、レクシス・ネクシス・ジャパン）、『証拠開示と公正な裁判〔増補版〕』（'14年、現代人文社）、『被疑者取調べ録画制度の最前線──可視化をめぐる法と諸科学』（'16年、法律文化社）、『犯罪被害者と刑事司法』（編著、'17年、岩波書店）、『GPS捜査とプライバシー保護』（編著、'18年、現代人文社）等多数。

化へ！』という私が監修し日弁連編で日本評論社から出しました。三つ目は、最新の研究を集めて最初の本の増補版として2016年に法律文化社から『被疑者取調べ録画制度の最前線』を刊行しています。

一番最近の論考としては、『被疑者

《パネルディスカッション》取調べのビデオ録画――その撮り方と証拠化――

取調べ録画映像のインパクト――実質証拠化の危険性をめぐって――』という論文を宮澤節生さんの古稀記念論文集に掲載しています。

今日のメッセージの中心は、取調べを映像化して記録する、つまり「可視化」すれば全て問題は解決するのではないかという、そういう考え方は間違ってますというお話です。このことは、海外でもずっと言われていました。例えば、アメリカを代表する心理学者、ソウル・カッシンは取調べを録音・録画すれば問題は片付くという考え方は「可視化への幻想だ」と言いました。ご紹介したカメラ・パースペクティブ・バイアスを研究したダニエル・ラシター――1980年代から研究している――も、「強制された自白や虚偽自白の問題を解決するため、やみくもにビデオテープを導入することは、制度をすり抜けて問題を悪化させてしまう」、と言っているんです。取調べ録音・録画映像を公判で使ったらむしろ問題は悪化する、と実証的な研究を踏まえて1990年代から言っています。

そして、ディビッド・ディクソン教授というオーストラリアの警察学の研究者は、ニューサウスウェールズ州の警察を回って、取調べビデオテープを集めて分析したのですが、結論は、「取調べの録音・録画は万能薬じゃない」と言い切っています。

そこで、ラシターたちがやったように、私も心理学者と一緒になって、実験をやっています。

私たちの実験は、画面の9分の4に映る大きいスクリーンと9分の1の小さいスクリーンに映る2台のカメラで撮っています。検察庁や警察庁と同じ撮影方法です。警察庁は、今年に入って新しい天井から撮る一画面方式に変えましたので、もう、この古いタイプはやってません。

Figure1. Suspect Focus(SF)

Figure2. Detective Focus (DF)

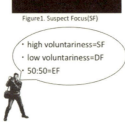

・high voluntariness=SF
・low voluntariness=DF
・50:50=EF

Figure3. Equal Focus (EF)

ラスターたちの研究は一画面でやっていました。SF、DFって書いてありますが、SFとはサスペクト・フォーカス、被疑者が正面に来る方式です。次に、DFとは、ディテクティブ・フォーカスといい、取調官が正面に来る方式。

それからEFというのは、イコール・フォーカスといい横から撮っています。つまり、2つのスクリーンに3つの撮り方、アングルがあるので、合計6パターンできるわけで、われわれはこの組み合わせで実験をやってみました。

そうすると、被疑者を正面に置いた取調べの映像を見せると、他の撮影方法よりも供述の任意性、信用性について、被験者は強く反応することが分かりました。ラスターたちが行った実験と同じ結果が出ました。つまり、1画面だろうと2画面だろうと、映像によるバイアス効果は同様に出るという実験を10年前にやりました。この成果は、「法と心理」という学会誌から2012年に公刊されています（若林宏輔＝指宿信＝小松加奈子＝サトウタツヤ「録画された自白──日本独自の取調べ録画形式が裁判員の判断に与える影響」法と心理12巻1号〈2012年〉89-97頁。https://www.jstage.jst.go.jp/article/jjlawpsychology/12/1/12_KJ00008995205/_pdf/-char/ja）。

要するに、取調べの録音・録画はなんのためにするか。何を防がなければいけないのか。これを考える必要があります。

それを考えるためには、世界の取調べ実務で取調室での撮影をどのようにやっているのかという疑問がでます。調べる必要があります。そこで、私は世界中の取調べの現場を見に行きました。法学者ではありますがこの問題は規範論では解決しないと思い、現場を見ないと分からないと考えて各国の取調官にも会って取調べの撮り方を見せてもらってきました。

例えば、ニュージーランドでは取り調べを横から撮っているんです。イコール・フォーカスですね。これは、

（2008年2月　ウェリントン警察で撮影）

《パネルディスカッション》取調べのビデオ録画 ——その撮り方と証拠化——

（2016年12月、オークランド警察で撮影）

　先ほどのラスターの見解を受けて、正面で撮影するのは危険だ、横から撮らないといけないということで、撮影のアングルが決まりました。

　これは2008年に調査に行った時の写真で、当時はまだビデオテープでした。今はデジタル方式です。そこで、これを確認するため2016年にもう一度ニュージーランド行って見てきました。DVD3枚で録画しています。

　何れにしても、ニュージーランドは心理学の知見を受けて、イコール・フォーカス、つまり横から撮れば見る者に与えるバイアスが正面から撮るよりは少ないというラスターらの研究の知見を生かしているわけです。

　この映像インパクトに関する判例時報の私の論文は、前半はラスターの研究の紹介ですが、後半が非常に大事です。人間の心にバイアスが生じることが心理実験でわかったとしても、いろいろな抑制手段とか解決手段があるのではないか。例えば、適切な弁護活動をやればいいのではないか。あるいは被疑者が同意すればいいのではないか。あるいは技術的に規制することができるのではないか、証拠調べ手続で必要な場面だけ取り出せばいいのではないか、といったことが考えられます。

　そのいずれも、バイアスを解消することには効果がないということを論証しているんです。

　この論文は2008年です。何度も言いますが。2010年には、立命館大学がラ

2 取調べ録画に伴う映像バイアス

取調べのビデオ録画の撮影方法

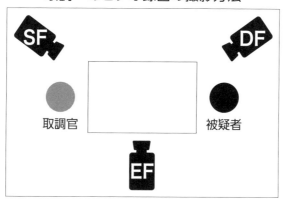

 サスペクト・フォーカス (SF)

 イコール・フォーカス (EF)

 ディテクティブ・フォーカス (DF)

シターさんを集中講義で招聘しました。そのときに、日弁連でも講演してもらって、日弁連も横から撮る方式にしたほうがいいという意見書が当時出されました（日本弁護士連合会「取調べの録画の際の撮影方向等についての意見書」2011年12月15日）。しかしながら、可視化の法制化が急がれる中で、この問題は後回しになってしまったので

す。

まずは（可視化の）法制化、義務付けが大事だということで、この映像バイアス問題が後回しになってしまった。そのことが表面化したのが、先ほどご報告あった今市事件ではないかと思います。実質証拠化の問題については、また後ほど、討議の中でお話ししたいと思います。以上です。

牧野：指宿さん、ありがとうございました(注)。

3　取調べのビデオ録画の証拠化の危険性

牧野：続きまして、映画監督の周防正行さんから、映画監督の立場から見た映像の問題、および特別部会の委員を務められて、可視化のもともと原点は何で、それがどうなったか等について、15分ほどお話しいただければと思います。

周防：よろしくお願いします。周防です。今、早速、映画監督としての立場でということだったんですが、それに先立って、まずはそもそも論として、一市民としての素朴な思いをお伝えしておきます。現状の警察、検察での密室での取調べ、要するに、被疑者の自由を奪い、ある程度情報も遮断した中で、なおかつ自白を得ることを目的とした捜査機関による糾問的な取調べのやりとりを撮影したものが、なんで真実発見の証拠として法廷で上映されなければならないのか。

まさに異常な状況に置かれて取り調べられている異常な空間での被疑者の言動、表情、反応を見て、一体、何を判断しろというのか。そもそも、そんな異常な取調べ状況のビデオを自白の任意性、さらには信用性の判断のために証拠化するっていうこと自体が、すごく不合理なものに思えます。そういう前提の上で、映画監督として、映像の危険性についてお話をしたいと思います。

映画監督を長年やっていて、思い知らされてきたことは、そもそも人は、見たいものしか見ないということです。例えば僕が映画の中に10の思いを込めたとしても、伝わるのは2か3なのです。

それでも、なんとか自分の思いをより十分に伝えるために工夫するのが撮り方であったり編集です。それではまず、編集についてお話ししたいと思います。エイゼンシュテインという名前を聞いたことがある方もいらっしゃると思うんですけど、もう100年近くも前の映画人で、彼の説、モンタージュ理論というのがあるわけです。要するに、映画は複数のコマ、そのコマの連

(注) 日弁連は、3月27日付けで「取調べの録画の際の撮影方法を改めるよう求める要望書」を公表した。パネルディスカッション段階ではまだ2011年12月15日の意見書のままであったが、進展したといってよい。要望書は、日弁連ウェブサイト上に登載されている。本書においても、読者の便宜を考慮して、巻末に【資料】として、上川陽子法務大臣宛の要望書全文を転載した。なお、要望書は、同時に西川克行検事総長、小此木八郎国家公安委員会委員長、栗生俊一警察庁長官宛にも送られている。

なりである複数のカット、そのカットの連なりからできているシーンで構成されているわけですが、当然その複数のカット、シーンは同時に見ることはできず、順番に見るわけで、最初に見たカットが、次のカットの意味にとても大きな影響を与えるわけです。

だから、カットやシーンの順番を変えることによって、それぞれのカット、シーンの持つ意味が変わってくる。編集とはそういうものなんです。その中で、モンタージュ理論のもとでクレショフっていう人が「クレショフ効果」って言われてるんですけど、実験をしています。クレショフは、ある俳優の無表情のクローズアップのカットを利用して実験をしました。同じ無表情のクローズアップのカットの前に3つの違う映像をそれぞれ繋ぐと、その無表情の顔がどうみえるかという実験です。

1番目は、スープの入ったお皿が映っていて、次に無表情の俳優の顔が映る。2番目が、ひつぎに入った遺体の映像のあとに、1番目と同じ無表情の俳優の顔が映る。3つ目が、ソファに横たわる女性が映ったあとに、1番目と同じ無表情の俳優の顔が映る。まず1の映像、つまりスープの入った皿のあとに無表情な俳優の顔を見ると、飢えを感じた。2番目のひつぎに入った遺体のあとにその同じ俳優の無表情

すお・まさゆき

1956年、東京生まれ。立教大学在学中に高橋伴明監督の助監督、以後若松孝二監督、井筒和幸監督らの助監督も経験。'89年『ファンシイダンス』で一般映画監督デビュー。1992年『シコふんじゃった。』にて日本アカデミー賞最優秀作品賞ほか多くの賞を受賞。続く『Shall we ダンス？』（'96年）では第20回日本アカデミー賞13部門独占受賞という快挙を果たし、2005年にはハリウッドでリメイク版も製作された。'07年『それでもボクはやってない』で主要映画賞30冠を達成。'11年『ダンシング・チャップリン』、'12年『終の信託』、'14年『舞妓はレディ』を監督。'11年法務省法制審議会「新時代の刑事司法制度特別部会」の委員を務める（'11～'14年）。'16年紫綬褒章受章。'18年立教大学相撲部名誉監督に就任。〈主要著書〉『シコふんじゃった。』（1991年、太田出版）、『Shall we ダンス？ 周防正行の世界』（'96年、ワイズ出版）、『Shall we ダンス？』（'96年、幻冬舎）、『「Shall we ダンス？」アメリカを行く』（'98年、太田出版）、『スタジアムへ行こう！──周防正行のスポーツ観戦記』（2000年、角川書店）、『インド待ち』（'01年、集英社）、『古田式』（共著、'01年、太田出版）、『ファンの皆様おめでとうございます』（共著、'02年、大巧社）、『アメリカ人が作った「Shall we dance？」』（'05年、太田出版）、『それでもボクはやってない──日本の刑事裁判、まだまだ疑問あり！』（'07年、幻冬舎）、『周防正行のバレエ入門』（'11年、太田出版）、『それでもボクは会議で闘う──ドキュメント刑事司法改革──』（'15年、岩波書店）等多数。

な顔を見ると、悲観的なもの、悲しみを感じた。3番目のソファに横たわる女性のあとに同じ俳優の顔を見ると、今度はそこに欲望を感じたのです。

みな同じ表情の同一カットなんですけど、3つともそれぞれ内面を見事に表現した素晴らしい演技力だ、と讃えられたようです。同一カットであっても、それがどのように他の映像と組み合わさるかで、飢えを感じさせる表情になったり、悲観的な表情になったり、欲望を感じさせる表情になるんです。これがモンタージュ理論というもので、1つの映像の意味付けっていうのは、それを見る側が、そのカットの前に何を見ているか、あるいは何を感じていたか、思っていたかによって違う。

つまり、まず最初のカットで美味しそうな食べ物を見たときに、自分、見ている自分が飢えを感じると、次のカットに映る人の表情に自分の考えを投影して、その表情に、やっぱり飢えというものを見ちゃうんです。あるいは、食べ物を見ているのだから、この人はお腹が空いているのだろうという意味を映像から読み取ってしまう。実は、これを利用して映画というのは作られています。もう一歩踏み込んで言えば、これは映像だけの問題ではなく、人の行動や表情がどう見えるかは、それまでの物語の流れをどう見てきたかによっても決まるし、現実の世界であっても、どういう話のあとに相手の表情を見るか、つまりどういう流れの中で対象物を見るかで大きく違ってくるわけです。

今、話しながら思い出したんですけど、僕がこういう映像の仕事をし始めた頃に、ドキュメンタリー映像のナレーションについて議論になったことがあるんですが、そのときにテレビ番組制作会社のプロデューサーが言ったのは、例えば、誰も知らない、見たこともないような人の、つまり著名人ではない、名も無き市民の、あまり表情に変化のないクローズアップの映像が映っていたとして、それを人は30分も見ていられない、いや5分も見ていられないでしょう。要するに、何の情報もなく、ただ人の表情が映っている映像があっても、それはすぐ飽きてしまう、と。

ただし、そこに何か条件付けをしてあげる。そのとき彼が言ったのは、「この人は30分後に死にます。そして、自分でもそのことを知っています」といったナレーションを入れてその映像を見せると、見る人は、その30分、これから死が訪れることを待っている男の顔に、ちょっとした変化を読み取ろうと、真剣に見始める。30分、何も、本当は、ただ漠然と普通に映ってる無表情の男の顔にもかかわらず、ちょっとしたガイドを与えるだけで、その表

情に死の恐怖を読み取ろうとか、絶望を読み取ろうとか、そういうふうにして、その映像を見るわけです。ちょっと唇の端が上がったりとか、そういう動きにも見る人は、彼の中に恐怖や絶望を読み取ろうとしてしまう。それがつまり、僕が最初に言った「人は見たいものしか見ない」っていうことなんです。

ですので裁判になれば、例えば、今市事件にしても、その取調べ映像を見るまでに、いろいろなかたちで検察側、弁護側の証言を聞いてきているわけです。その裁判の過程で、被告人は本当に殺したのだろうか、そうではないのだろうか、という疑念がある。で、その取調べ映像を見る前に、それまで経験してきた、自分が聞いてきたことをもとに、この人、怪しいけど決定的な証拠はないな、っていう状態になっていたとしたら、この取調べ映像の中に、犯人であるっていう決定的証拠を発見しようと思って見ることになるかもしれない。

つまり、有罪心証を持っている人は、その確証を得るために映像の中に、有罪を示すものはないかって探して見るんです。そうすると、怪しいと思えることは拾い上げていく。これは、指宿さんにご指摘いただいたのですが、それを心理学の世界では「確証バイアス」と呼ぶのだそうです。僕が発見したよ うなことじゃなくて、そんなことは心理学の世界では当たり前で、人は自分の考えを確かなものにしたいと思うと、それを裏付けるものばかりを情報の中から得ようとする。

これは皆さんも、普段の生活の中で考えていただければ分かると思うんです。「あの人、何かの犯人らしいよ」って聞いた瞬間に、そういえばああいうこともあった、こういうこともあった、と、怪しい部分ばかりを取り上げて、まさに「やっぱり、あの人が真犯人だったんだね」と、たぶん、そういう感じになっていく。

つまり、こういうふうに、映像っていうのは、確かに事実が映っているんですけど、確かに客観的な事実ではあるんですけど、その背景っていうか、その映像の中にある真実、その映像の持つ真の意味に到達できるかどうかっていうのは、全く別の問題なんです。だから、ありのままに映っている事実を確認することができても、そこから導き出すものっていうのは個人差もあるし、一体どういう解釈がそこに生まれるのかっていうことについては、千差万別で、真実発見の証拠としては、ほんとに危険っていうか、なかなか難しいと思います。

次にカメラポジションについてなんですが、実は、カメラポジションについて、法制審議会でも散々意見を述べ

ました。その当時想定されていたカメラポジションは、やはり、取調官側からの被疑者のアップと、それから、もう少し引いた、取調官側から被疑者向けで、取調官の後ろ姿が映るくらいにカメラを引いた映像の2つでした。それに対して、僕が言ったのは、「少なくとも取調官のアップも撮っておくべきだ」ということです。その時想定されていたポジションの他に、取調官の斜め正面アップを加えた3つが必要ではないかという話をしたんです。

しかしながら、今はどう考えているかというと、イコール・フォーカスにすべきではないかと思っています。被疑者と検察官を横位置から2人の足元までを入れたぐらいの引きのワンカット。要するに、被疑者を正面から撮っているものがあとで再生されると、「さあ、この人はほんとのことを言っていますか。うそを言っていますか」と見る人に迫るような映像になってしまう。それを避けるために、客観的に被疑者と取調官を横位置から、どちらのサイドに偏ることなく、イコールの条件にして撮る。それが大事じゃないのかな、と思います。

あと、法制審議会の議論の中で、取調べを可視化するってことの最大の目的は、現状の取調べの適正化というより、根本的に取調べのやり方自体を変えさせていくための手段として必要である、と強調しました。今は、取調べが適正に行われたかどうかの検証に役立つとか言われてますが、取調べが映像として残るってことは、みんなでよりよい取調べのやり方を研究できるということでもあるんです。つまり、一つの事件の取調べの良し悪しだけではなく、これから先、どういう取調べをしていくべきかという研究に役立てるのです。

さらに、明らかに暴力的な行為や脅迫や利益誘導といったあからさまな自白を取るための質問、尋問っていうか、追及っていうものがやりにくくなる。そのことによって、他のやり方を探らざるを得なくなる。しいては、自白を得ることを目的とする取調べ自体の在り方っていうものにも、きちんとメスが入るんではないかという期待があります。

ただし、やはり、議論の後半っていうか、捜査機関側、もしくは一般有識者の中でもありましたけど、あとで検証できる、要するに作られた調書と実際の取調べのときに何が起こったのかということを検証できるようにすることで、調書の任意性、あるいは信用性判断にも資するのではないかということが言われていました。ただ、任意性の検証って言ってしまうと、調書裁判をより強固なものにするための録音・録画にならざるを得ないではないか、

と危惧していました。

つまり、今までは、取られた調書の任意性を裏付けるものっていうのは、せいぜい取調官の証言ぐらいしかなかったんですが、今度は、そこにビデオ、録画媒体が、その調書の任意性を裏付ける重要な証拠として存在するんだとしたら、ますます、調書を証拠採用して判断するという調書裁判を強化する方向、取調室を法廷としかねないような方向にいくので、それについての危険性については言いました。ですから、僕の結論は、先程も述べましたように、取調べの録音・録画とは、取調べの研究に資するということと、取調室の「監視ビデオ」であるということなのです。あの密室での取調べで、不当な追求、違法なことが行われないように監視するというレベルで、ある一定の効果があるだろう、ということなのです。間違っても事件の真実発見の証拠として使えるレベルのものではない、ただ単に取調べの暴走を防ぐものとして考えるということです。

そこまで考えてくると、先ほど、カメラポジションはイコール・フォーカスって言ったんですが、もしかしたら、取調べを監視するっていう意味と、もし、のちにそれが何かの補助証拠とか、そういうことで証拠扱いされて、それが法廷で公開されるなんていうことの危険性を考えると、取調官のアップし

か映さないっていうやり方が現状、最も危険性を和らげる、危険な状態にさせないための手段かもしれないとも思います。とりあえず、またあとでお話ししますが、最初の発言としてはこれぐらいにしておきます。

牧野：興味深いお話、ありがとうございました。

4　取調べの可視化論

牧野：続いて、今回の今市事件でも、補助証拠としてと言いながら、実質証拠として機能して映像が使われてしまったわけですが、この取調べを録音・録画した記録媒体の実質証拠理論について、早くから論文を書かれた青木さんに、この実質理論の点についてコメントいただければと思います。

青木：ご紹介いただきました、一橋大学の青木と申します。どうぞ、よろしくお願いいたします。私は、10年間だけ裁判官をやりまして、そのあと、大学教員に転じました。純粋な研究者、つまり最初から大学に残って研究していたわけではないんですけれども、両方のところに少し首を突っ込んだ、そういう存在だという前提でお聞きください。実質証拠化もそうなのですが、その前段階である取調べの可視化論も含めて、私のこの問題に関する、大げさかもしれませんが、精神遍歴みたい

《パネルディスカッション》取調べのビデオ録画——その撮り方と証拠化——

あおき・たかゆき

1961年大阪市生まれ。'85年京都大学法学部卒業。'91年司法試験合格。'94年判事補任官。福岡地方裁判所、名古屋家庭裁判所、東京地方裁判所等の勤務を経て2004年任期満了退官。同年、琉球大学法文学部教授。駿河台大学法科大学院教授を経て、'14年より一橋大学法学研究科教授。'09年弁護士登録（東京弁護士会）。

〈主要著書〉『刑事司法改革と裁判員制度』（2013年、日本評論社）、『刑事事実認定の基本問題［第2版］』（共著、'15年、成文堂）、『裁判所は何を判断するか・シリーズ刑事司法を考える第5巻』（共著、'17年、岩波書店）
〈主要論文〉「取調べ可視化論の整理と検討」琉大法学81号（'09年）、「裁判員裁判における量刑の理由と動向（上）、（下）」判例時報2073号、2074号（'10年）、「裁判員裁判における犯罪事実の認定（上）、（下）」判例時報2103号、2104号（'11年）、「争いのある事件における手続二分」季刊刑事弁護72号（'12年）、「公判手続・公判前整理手続」刑事法ジャーナル39号（'14年）、「取調べを録音・録画した記録媒体の実質証拠利用」慶應法学31号（'15年）、「現行刑事訴訟法における当事者主義」一橋法学15巻2号（'16年）、「平成28年改正刑訴法等のアセスメント」一橋法学16巻3号（'17年）等多数。

なものを最初にご紹介して、ご挨拶に代えさせていただこうかな、と思っています。

指宿さんと周防さんの話を聞いていて、非常に耳が痛かったです。正直、私がこの問題に関わり出したときには、映像の問題が、こういうふうに取り上げられることが急速に起こってくるという意識が希薄でした。先ほど触れましたけども、私は、2004年に裁判官を辞しまして、最初、琉球大学に奉職したのですが、そのときに、弁護士会の夏季研修の場で、平成16年の刑事訴訟法の大改正とか、裁判員法の制定などに関する問題を、畏れ多いのですが、先輩方もたくさんいた中で講演という形でお話しする機会を得ました。

そのときに、聴講してくれた某弁護士、法曹としては、私より先輩にあたる方が、私が話し終わったあと、つかつかと近付いてきて、褒めてくれたんです。「青木さん、とても良かった。でも、一つ忘れていた論点があるね。」と。「何ですか」って聞いたら、「取調べの可視化だ」と言うのです。私は、裁判官辞めたばかりで、日本の実務で行われているスタンダードな法理論に、どっぷり首まで漬かっておりましたから、良くも悪くも、取調べとか供述調書というものに急に劇的な変化が起こる、そういう意識が希薄でした。「取調べの可視化か。そういえば、弁護士会が今、熱心に提唱しているな。」、みたいな感じで。琉球大学を出るときに卒業論文のつもりで書いたのが、2009年の『取調べ可視化論の整理と検

討』という論文でした。時間の関係もあるので、はしょって言いますと、結論といたしましては、当時、日本弁護士連合会が、会として推し進めていた実践運動としての可視化論に組する、つまり賛成する立場を取りました。それが2009年の論文です。

さて、指宿さんの論文を勉強していなかったことがばれてしまいますが、その時点で、先ほど紹介のあった、先鋭な問題提供をされていたという点については、ほんと、脱帽しかないのですけれども、とりあえず、取調べの現状というものを少しでもましなものにするには、録音・録画を進めざるを得ないだろうというのが、私の当時の結論でした。ただ、先ほど、平山さんのお話を聞きながら記憶をたどってみますと、確か、こう書いたと記憶しています。可視化をやるのだったら、全過程の可視化でないと意味がない。例えば、さっき、午前の取調べと午後の取調べという話がありましたが、いかなる意味で一部なのか。あるいは、なぜ一部で足りるのかということを巡って、また新たな争いの火種が生じる。それは、かえってよろしくない。だから、全面可視化でないと意味がないと書いたことを記憶しています。さっき、それを思い出して、若干の感慨にふけっていた次第です。やっぱり、こういうことが、本当に現実に問題になる

のですね。まだ10年かそこらのタイムスパンですけれども、今日では、そういうことが現実に問題になるようになったと、改めて実感いたしました。その後、幾つかの勤務を経て、先ほどご紹介いただいた『取調べを録音・録画した記録媒体の実質証拠利用』というタイトルの論文を慶應法学に書いたのが2015年のことです。先ほどから議論になっている特別部会の議論を経た後のことなのですけれども、そこでの結論は、「実質証拠として利用される場面があることは、理論的には否定できないのではないか」というものでした。

これを書いたきっかけは、取調べの可視化論が、その後、力を得まして、ご案内のとおり、2018年には実際に法制化されたわけですけれども、そういう議論が展開していく中で、どうやら、可視化は実現しそうだ、と。ところが、その過程の中で、特別部会での議論をトレースしてみますと、逆に、録音・録画していることを逆手に取ったような、供述調書がそんなに気に入らないとおっしゃるのだったら、記録媒体をそのまま法廷で再生しましょうか、と。そうしたら、公明正大に、何があったか全部分かりますよ、と。そのような議論が出てきたのです。

当初は、みんな、頭の中で、自白の任意性や信用性を立証するための補助

証拠としての利用に限定して考えていたわけですけども、そうじゃなくて、供述調書の代わりに使うのだという、実質証拠利用という議論があからさまに起こってきて、そこで私なりに危機感をもって、また、取調べ可視化論に組した禊（みそぎ）という意味もあって、これは責任取らなきゃいけないな、という思いもありまして、その時点での自分の考えたこと、調べたことを、拙いものですが、まとめ上げたのが先ほどご紹介した論考です。

もう一度申しますけども、その後、28年の法改正がありますが、それを経ても、記録媒体が実質証拠利用される場面のあることは、理論的には、残念ながら否定しがたい。ただ、運用で、できる限りミニマイズする、最小化するように歯止めをかけなきゃいけない。それで鍵を握っているのは、一言で言うと、裁判官の勇気だろうと思っています。最後のところは、論文には、そこまで書いていませんけれども。妙な言い方ですけれども、消極的な肯定説という立場で書いたつもりです。

それでも、結論が肯定説になっているので、否定説の方からは批判を受けたりするのだろうな、ということは書き終えたときから思っていました。幸い、その後、何人かの方が取り上げてくださった。白取祐司さんなどは、ご面識はないですけど、正しく受け取ってくださっています。「青木は、理論的にはやむを得ないとしつつ、運用でできる限り消極的な方向で運用しなきゃいけない、ということを言っている」という趣旨でご紹介してくださっていて、これで集中砲火を浴びることはないかと思って、少し安心しているところです。

私は、理論的には否定できないと考えたのですけれども、結論としては、無限定の積極説っていうのは何かおかしい。使う場面を限定する理屈はないかということは、その当時から考えていたわけなのです。その答えは、2015年の時点では、出せなかったのですけれども、論文は、確か、こう締めくくったと記憶しています。

捜査段階での取調べを録音・録画した記録媒体を法廷で再生して、それが真相の解明につながるとか、良い裁判ができるというのであるならば、それは捜査による公判の実質的支配の現代的完成形に他ならない。そこまで書いて、そのような姿に、表現はきつかったかもしれませんけど、「堕した」と書きました。「堕落した」の「堕した」です。そうなったら、公判の自殺です。裁判をやる意味がない。捜査だけで完結してしまえばいい。そんな手続ならば、という意味も込めて、そのような姿に堕した公判を見ることは、裁判員を含む一般国民の望むところではない

はずだ、みたいな締めくくりだったと思います。

　格好良く締めくくったようで、着地点は、私にも、その時点で全く見えていませんでした。ところが、法が改正され、指宿さんのようなご研究とか、周防さんのような社会的に影響力のある方が、この問題にいろいろなことを発信してくださったことによって、今日、ここに、映像であるということ自体が問題にされ、実務法曹が伝統的にやってきた事実認定の中でバーチャルなもの、あるいは動画的なものと言いますか、スタティックな、静止写真じゃなくて、映像自体が持っている証拠としての意味がどうなのか、という議論が急速に進化しているように思えて、その点については、心強く思っています。

　後のディスカッションのところで、必要に応じて触れますが、一つは、供述調書と対比した時に、DVDやBDには通常備わっていない、署名・押印ということをどう考えるのか。あるいは、そもそもわれわれが、法律的関連性とか、証拠調べの必要性と呼んできた枠組みをどう考えるのか。

　今日、そこまで話がいくかどうか分かりませんけれども、公刊されている文献など見ると、実質証拠、補助証拠というこれまでの枠組み自体が意味を失って、どの場面で、どの事実を立証するために、この証拠は使うべきなのか、使うべきでないのかという、そういう議論が起こってきています。議論の枠組み自体が大きく動く可能性すら感じております。この先は、パネルディスカッションに譲ることにして、とりあえず、自己紹介を兼ねて、冒頭の私のお話とさせていただきます。予定より早い分にはいいですよね？では、終わります。

　牧野：青木さん、ありがとうございました。心配しなくても、われわれも、青木さんが問題提起をきちんとしてくれた先駆者としてお招きしておりますので、よろしくお願いします。

5　代用監獄の廃止と刑事司法改革

　牧野：続きまして、小池さんにお話を伺いたいと思います。小池さんは、やはり、一部録画の問題性や実質証拠の問題性を論文でも書かれて、今日の配付資料の中の『法と民主主義』4月号にも載っていますが。われわれの共同勉強会にも参加してくださいました。小池さん、よろしくお願いします。

　小池：ご紹介いただきました弁護士の小池振一郎と申します。他の皆さん方が、今までの経歴といいますか、自分たちの今日に至る現場での関わりの歴史についてお話されていましたので、私の方も、なぜ、私が今ここにい

《パネルディスカッション》取調べのビデオ録画──その撮り方と証拠化──

こいけ・しんいちろう

1948年松山市生まれ。'72年東京大学法学部卒業。'74年第二東京弁護士会登録。'99年度第二東京弁護士会副会長。2001年度日弁連常務理事。現在、日弁連刑事拘禁制度改革実現本部副本部長、日弁連国内人権機関実現委員会副委員長、日弁連国際人権条約に関するワーキンググループ副座長、日弁連人権擁護委員会えん罪原因究明第三者機関設置に関する特別部会副部会長。〈主要著書〉『ワイドショーに弁護士が出演する理由』(2001年、平凡社新書)。『なぜ、いま代用監獄か』(共著、'06年、岩波書店)、『えん罪志布志事件 つくられる自白』(共著、'08年、現代人文社)、『えん罪原因を調査せよ』(共著、'12年、勁草書房)、『可視化・盗聴・司法取引を問う』(共著、'17年、日本評論社)、『裁判員裁判のいま』(共著、'17年、成文堂)。〈主要論文〉「ドラマ『裁判員~決めるのはあなた』はこうして作られた」自由と正義54巻8号(2003年)、「取調べの録音・録画──法律化の要因と問題・今後の展望」法と民主主義510号('16年)等多数。

るのかという、そこからお話をさせていただきたいと思います。

そのお話をするのが、今日のテーマの底流につながってくるだろうと思うからです。私自身が、刑事司法の問題に関わったのは、弁護士になって比較的すぐでした。1980年代に、拘禁2法案反対運動が日弁連内外で大きく盛り上がりまして、それに、だんだん引き込まれて関わるようになってきました。ここにいらっしゃる五十嵐二葉さんなんか、その先陣を切っていたんですが、私はその後ろについて、ちょこちょこと動いていた程度なんですけれど。拘禁2法案反対の中で、代用監獄廃止の問題を正面から捉えて運動していました。しかし、拘禁2法案は3回国会に上程されて1989年頃に事実上は葬り去ったという状況になりました。その後も、形の上では国会に出されましたが審議もされず廃案になりました。拘禁2法案は葬ったけれども、廃案にするだけで、刑事司法改革まで進んでいかない。代用監獄を廃止しなければならないという重いテーマがあって、それをずっと引きずって今日まできてるんです。

ただ、代用監獄廃止と言っただけでは、なかなか進まない。以前はそのテーマで市民集会をやりましたが、今は、それ一本での反対集会ができないという状況です。警察、検察の捜査側が、特に警察ですけれども、代用監獄を握って離さない。代用監獄で自白を強要して、事件を解決する、そのために代用監獄が必要だという確信を持っているのだろうと思います。

その確信をどうやって打ち破っていくか。代用監獄廃止と言いつつも、周

りから、刑事司法に関わる様々な問題を攻めていく必要があるのではないか、と思いました。日弁連の中で、1989年頃だったと思いますが、松江の人権大会で、刑事司法の全体的な改革をやろう、と打ち出しました。

その第1弾が当番弁護士制度でした。1990年頃から全国的に展開し、今やすっかり定着しました。当番弁護士だけでなく、刑事司法の様々な問題があるということで、米国法曹協会（ABA）の方を呼んで交流したり、様々な国連関係者も呼んで講演したりと、勉強もし運動もしてきました。私もその関係で、日弁連の様々な刑事関連委員会、刑事弁護センター等を含めて、関わるようになりました。今も抜けきれないという状況です。

そういう中で、刑訴法・盗聴法改正問題が出てきました。厚労省郵便不正事件を契機に、「検察の在り方検討会議」が作られて、2011年3月、今までの捜査があまりにも自白に偏り過ぎているという提言が出されました。密室における追及的な取調べと供述調書に過度に依存した捜査、公判は、もはや時代の流れと乖離したものである、と。現在の捜査、公判実務を根本から改める必要があるという、非常に素晴らしい提言が出されました。部分的には問題のあるところもあるんですが。

ここに行きつくまでに、様々な刑事司法改革の運動をしてきたわけですけれども、並行して2000年頃から弁護士会の中で、取調べの可視化の運動が急速に展開されました。ただ、私は、この問題に直接関わってはいなかったんですが、刑事関連委員会として横で見ていた程度なんですが、危惧していました。

一言で言いますと、可視化先行論というものでございます。まず、可視化を実現し、それから弁護人の取調べへの立会いとか、もちろん代用監獄廃止もそうですけれども、そういった課題をやろうと。可視化をまず先行させようと。それ以外の課題をくっつけるのは、お荷物であるとまで、言われました。他の諸課題をくっつけるな、ということです。取調べの可視化で刑事司法の一角を切り開いた後で、その他の課題を実現するというのです。

これは、検察側にとってもメリットがあるという。今の自白調書の任意性を争う法廷で、延々と、警察官が何人も出て、「ちゃんと普通に適確に取調べた。すると、自白した。」と証言する、こういう言葉でいくら延々とやってみてもしょうがない、と。検察側にとっても、取調べを可視化することによって、ビデオ録画することによって、任意性立証にメリットがあるんだ、と。だから、弁護側にとっても検察側にとっても、この可視化というのはメ

リットがある。これを価値中立論というようですけれども、そういう言い方をして、だからこそ、実現可能性があるんだ、という。

　検察にとってもメリットがあるから、実現可能性があると言う。こういう理屈で日弁論の中の可視化推進の人たちがやってきたわけです。この理屈が厚い壁を突破する契機になったことは評価しますが、それは現状の取調べを前提とする議論です。ここにとどまったのでは、取調べの最初から最後までの例外なき全過程可視化が本当に実現できるのか。代用監獄に固執する捜査側の状況を見ていると、とてもそうは思えない。あまり争いのない事件では、簡単にできるでしょう。けれども、本当にシビアな事件で、今市事件のような場合に、捜査側は、本当に取調べの最初から最後までビデオ録画するだろうか。やらないだろうな、必ず抜け道を作るだろうな、と思っておりました。

　ですから、可視化先行論というのは、可視化がそれで全面的に実現するならば一つの突破口になるかもしれないけれども、それだけでは難しいだろう。むしろ、取調べへの弁護人の立会いとか、取調べ時間の規制とかを含めて、取調べの在り方そのものにメスを入れて、日本の刑事司法改革をやるべきです。

　もちろん、これらの課題が十分に、すぐできるような状況ではないのですが、取調べの可視化一本に絞るのはおかしい。実は日弁連の中でずっと議論してきました。10年ぐらいやったわけです。それが、今回の法制審の中にもそのまま流れ込んできた問題点になっていたのです。

　2007年日本政府に対して国連拷問禁止委員会勧告が出されました。そこでは、「代用監獄」の問題と並んで、「取調べに関する規制と自白」というテーマで勧告が出されました。その中で、取調べへの弁護人の立会権、取調べの可視化、取調べ時間の規制という３つの問題が出されました。

　私は、目から鱗のような感じがしました。やはりこの３点は、共に追及すべき課題である、互いに密接に関連している。取調べの全面可視化を本当に実現するためには取調べ時間の規制とセットにすることが現実的だ。取調べへの弁護人の立会の実現も取調べ時間の規制と結びつけて現実的になる。要は、この３点を共に追及して取調べの在り方そのものにメスを入れる。取調べを野放しにしないで規制することが根本的に重要だという理念を追求することでこれら３点を含む諸課題の実現が現実的になると思ったのです。先ほど紹介しました2011年３月「検察の在り方検討会議」提言は、そういう意味

では絶好のチャンスで、ここで一歩でも二歩でもというか、数歩も何とかこの３点をベースにして、今の日本の取調べの在り方そのものに問題提起すべきだろうと思った次第です。

　取調べの可視化の意味は、もちろん、当然あるわけで、それは、取調べを規制すると言いますか、チェック、周防さんは「監視」という表現をされましたが、そういう意味があります。一部可視化でももちろん、多少の意味はあるでしょうけれども、やはり、全過程可視化することによって本当にチェックする機能があるといえる。だから、取調べの可視化をすべきであるということについては、何の異論もないし、積極的に私たちも言ってきました。

　しかし、それを証拠化するというのは、また別の問題であると思います。

　今市事件は、午前中、警察の取調べはビデオ可視化しないで、「自白しないと死刑。自白すれば20年。きみ、若いんだから人生やり直せるよ。」とそそのかしたり、あるいは脅したり、暴力をふるったこともあったようです。そして午後に、別室の検察取調べでビデオ録画して、身振り手振りですらすらとしゃべる。こういうこともあったようです。このようなやられ方をすると、冤罪を拡大してしまう。いいとこ取りだけの一部可視化であって、それが証拠化されるということになれば、むしろ冤罪を広げることになるだろう。大昔になるかもしれませんが、仁保事件などでは、録音テープも証拠として出され、これが有罪判決の根拠とされました。昔も、録音テープではありますが、一部可視化されていたんです。これは、まさに部分可視化で、いいとこ取りの可視化、それが証拠として出されてきたという典型例です。

　そこの部分だけを見れば、本当に任意で自白しているように見えますし、まさにある意味で「任意」で自白しているんですよ。それが一部録画の怖さであると思います。

　捜査側も、当初は、何とか真相解明したいという思いでやっているのです。そういう中で、ビデオ録画が取調べの妨げになるという確信が捜査側にあり、今もまだある。

　だから、全過程可視化するのは非常に難しいだろうと。私は、長年、代用監獄廃止の運動などをした経験から、捜査当局は、必ず逃げ道を作っていざというときにはテープを止めて自白を強要するのではないかと思ったのです。

　だから、一部録画はダメで、法制審では、絶対に、取調べそのものにメスを入れることが最大のテーマであると思ったのです。

　ビデオ録画が裁判所に証拠として出されるようになったのは、ビデオ録画

されるようになったのが比較的最近であるということが背景にある。取調べの可視化推進側が、検察側にとってもメリットがある、という言い方で運動を展開し続けてきたことに原因があったと思います。

検察側にとってメリットがあるから、自白の任意性立証に役立つんだから可視化しましょう、と言ってきたがために、それでは、任意性立証のために可視化したものを証拠に出しましょう、ということになる。それに対して、弁護側も含めて実務家があまり抵抗感がなく、ビデオ録画が証拠として出されるように2000年代からなってきたと思います。

今市事件は2016年4月8日に有罪判決が出されました（宇都宮地判平成28・4・8判時2313号126号）。私が直ちにビデオ録画の問題点について指摘したのが、お手元にある「今市事件の判決を受けて」と題する『法と民主主義』2016年4月号に出した論稿です。4月8日判決を受けて数日後に、『法と民主主義』編集者から、「数日で書いてくれ」と言われ、それを書いたのが、この論稿です。

たまたま、私は、4月19日参議院法務委員会に、刑訴法・盗聴法改正問題で、有田芳生議員から参考人に推薦されました。そこで、まだ発刊されていない『法と民主主義』のゲラを、参議院法務委員会の皆さん方に配布していただいて、参考人として発言しました。

その後、『法と民主主義』7月号、12月号と連続して書いた論稿もあるんですが、それをまとめたものが、日本評論社から出されました『可視化・盗聴・司法取引を問う』という本です。

個別の論点については、またあとでお話しさせていただければと思います。どうもありがとうございます。

牧野：小池さん、ありがとうございました。最後の締めの言葉も、なかなかいい締めでした。ちなみに1点だけ、さっき小池さんが紹介された「きみ、若いんだから人生やり直せるよ。」と言った警察官は、法廷に証人として出てきまして、「きみ、まだ30だから、20年入っても50で出てくる」ってことは認めてるんです。これ、あとで平山さんからまた聞きますけど。でも、それは励ますために言ったと言い訳してるそうです。

6 自白の任意性、信用性及び補助証拠の意義

牧野：青木さん、今の皆さんの議論の中で、法律用語が幾つか出てきまして、そこについて理解をしていただかないと、今後の議論にも差し支えるので。まず、自白の任意性と信用性という言葉と、補助証拠という言葉が出てきたので、そこを、いろんな多義的な

用語かもしれませんが、オーソドックスなかたちで、自白の任意性って何で信用性ってどう違うのか、補助証拠って何だということを、簡単にご説明いただけるとありがたいんですが。

青木：玄人の方がたくさんいる中で、一番、緊張する場面ですね。大学で講義するみたいで大変恐縮なのですが、かいつまんで申し上げますと、自白というのは、その犯罪事実を「自分がやりました」という告白で、コンフェッション（confession）なわけです。通常は、大変インパクトの強い証拠だと理解されています。

でも、そうであるからこそ、自白については任意性と言って、ボランタリー（voluntary）に、自発的な意思で、強制されたり意思をねじ曲げられたりせずに告白したものでなければならない。そのような状態で、自分でやりましたと言っているのだったら、それは証拠として間違いのないものとして扱ってよい。反面、任意性がない自白は、そもそも証拠にしてはいけない。そういうことになっている。それが任意性という概念です。

任意性が肯定されて、いったん証拠として認められたあとに、どうやら脅迫されたり暴力を受けたりしてした自白ではなさそうではあるが、かといって全面的に信用できる話かどうかは別問題である。他の証拠にも照らし合わせてみて、ちゃんと信用のできる、乗っかることのできる話なのか、内容の確かさみたいなものが信用性という概念です。

補助証拠、実質証拠ということですけれども、自白を例に取りますと、その人がやったと言っている場合に、その言葉の内容どおり、その人がやったんだ、犯人なんだという証拠に使うという場合が、実質証拠、サブスタンシャル・エビデンス（substantial evidence）という概念になります。

それとは別に、例えば、供述証拠としての自白は、紙（供述調書）に書いたものとして存在するのだけれども、その自白が任意になされたとか、信用できるかたちでなされたということを立証しようという場合に、ちゃんと取調べやってるでしょ、別に殴ったり怒鳴ったりしてないでしょ、ということを、例えばDVDやBDを通じ、映像や音声で確認しようということで、その用途のためだけに使うのが補助証拠としての使用場面です。

その証拠から直ちに犯罪事実を認定しようとするのではなくて、犯罪事実を認定するための証拠が、そもそも証拠としてきちんと成り立っているものだということを立証する場面。そういう場面で使おうとするのが補助証拠という概念です。恥ずかしいので、もうこれぐらいで勘弁してください（笑）。

牧野：ありがとうございました。以上を前提に、議論を進めたいと思います。

7 一部録音・録画の問題性

牧野：今市事件の場合は、本来、補助証拠のはずだったのが、逆に実質証拠化的に使われたという側面もあって、ちょっと話がややこしいわけですが、概念の整理ができたと思います。ありがとうございました。平山さんの時間、ちょっと短く、短縮させてしまった関係もあるようなので、一部録音・録画の問題性から議論に入りたいと思います。

テーマは3つありまして、実質証拠性の問題、それから一部録音・録画の問題性、それから、撮影方向のインプレッション効果の問題。それから、今市事件は、本当は自白の偏重という問題もあるんですが、今日はそこに踏み込むほど時間がないので、以上の3点を議論していきますが、順不同でいきます。

一部録音・録画の問題性ということで、録音されてない場面での取調べの影響は、少し分からないいうことで、まず、平山さんは傍聴されていて、録画されている場面とされていない場面、しかも、こわもての検事と優しい検事という問題があって。一部録音・録画の問題性を、傍聴された立場から、どんな問題点と捉えているでしょうか。

平山：ありがとうございます。一部録音・録画の問題は、結局、映ってないところで何があったのかという水掛け論が最後まで残ってしまうというところです。今市事件では検察官取調べの録音・録画映像の中で、被告人が確か額だったと思うんですけど、少し傷をしていることについて検察官が聞く場面があるんです。公判の被告人質問では、被告人は警察官に頬をはたかれて、その結果、壁に顔をぶつけてしまってできた傷だ、と答えるのです。しかし、検察官による取調べの映像の中では、検察官に「そのおでこ、どうしたの」と聞かれて、「ちょっとよろめいて壁にぶつけちゃって」と答えている。検察官が「誰かに何かされたわけじゃないよね」などと確認しているんですけど、「違う」と答えているんですね。もちろん、警察官は公判で証人として証言した際に、そんなことをしてない、と言っています。

被告人の言うように"頬をはたかれておでこをぶつけてしまった"ということが取調べの中で行われているんだとしたら、取調べを全過程録音・録画しとかないと、結局、最終的に被告人と警察官や検察官の、どちらが言っていることが本当なんだろうということは最後まで疑問として残ってしまいま

7 一部録音・録画の問題性

す。しかし、裁判員にしろ、裁判官にしろ、取調べの映像を見る段階である程度の心証形成がされてるんだとしたら、映ってないところでどっちが本当のことを言ってるか、については結局検察官に有利に判断してしまうことも避けられないのではないか、と思いました。

ですから、こういった疑問を残さないためにも、やはり取調べの全過程録音・録画は大前提だと思います。今市事件の裁判でも、判決後の裁判員の方の記者会見を見ても、やはり、そこを指摘される方も多かったですね。裁判員の方々の感想からしても、録音・録画が一部でも行われなかった部分があった、つまり、どこかが抜けていたというのは、非常に大きな問題だったと思います。

指宿：まず、法制度の概観を確認しましょう。録音・録画の義務付けの対象事件は、裁判員対象事案と検察独自捜査事件で身体拘束下にある被疑者の取調べだけです。つまり、任意取調べが録音・録画されないということが確認できます。となると捜査機関はできるだけ逮捕を遅らせ、任意での取り調べを多くするでしょう。次に、裁判員裁判対象事件ではない、例えば、今市事件に典型的に表れてるように、非裁判員裁判で身体拘束しても録音・録画の対象ではない。そこで、別件取調べ

ひらやま・まり

1973年兵庫県生まれ。'96年立命館大学法学部卒業。'99年関西学院大学大学院法学研究科博士課程前期課程修了（法学修士）。2003年University of Minnesota Law School LL.M.Program修了（フルブライト奨学生）。'04年関西学院大学大学院法学研究科博士課程後期課程単位取得退学。白鷗大学法学部専任講師を経て、'15年より同教授。
〈主要著書〉『刑事訴訟法教室』（共著、2013年、法律文化社）、『刑事政策がわかる』（共著、'14年、法律文化社）、『現代日本の法過程 上巻・下巻〔宮澤節生先生古稀記念〕』（共著、'17年、信山社）、〈主要論文〉「裁判員制度の影響、課題、展望：制度施行後2年間の性犯罪裁判員裁判の検討を通じて問う」法社会学79号（2013年）、「今市事件裁判員裁判は試金石となり得たか：傍聴記をもとにいくつかの刑事手続上の重要な課題を論じる」法学セミナー739号（'16年）、"Introduction of Videotaping of Interrogations and the Lessons of the Imaichi Case: A Case of Conventional Criminal Justice Policy-Making in Japan", Washington International Law Journal, Vol. 27（宮澤節生との共著、2017）等多数。

をやればいいということになるわけです。裁判員対象事件が本件となり、その際の取調べのときに録音・録画をするということです。つまり、新しい法制度の中でも、録音・録画されないよ

《パネルディスカッション》取調べのビデオ録画 ――その撮り方と証拠化――

うな取調べは、いくらでもできます。

　また、参考人の取調べも録音・録画されません。ですから、被疑者といっても、本人がどう思ってるかではなく、警察、取調べる側がどういうふうにその人を位置付けるかで、録音・録画の範囲というのは自由に設定できる法制度になっていることを確認しておきたいと思います。これは、日本だけではなくて、先進国で、すでに可視化を導入した国でも同じ問題を抱えているのです。

　例えば、イギリスは可視化先進国と言われて、素晴らしい評価があります。確かに素晴らしいですが、録音・録画の対象になってるのは「サスペクト・インタビュー」といって、被疑者の取調べだけです。「今日は君は被疑者じゃないから」と言って、参考人として取調べることはできるんです。例えば、司法取引をやりたいとき、その人から、第三者の犯罪についての情報提供を受けたい場合は、この人は、昨日まで被疑者でも今日は被疑者じゃないんですね。その場合は録音・録画義務はありません。イギリスでも。

　それから、取り調べの録音・録画が進んだ国では、次に何をやるか。例えば、オーストラリアで争われているのですが、「フィールド・インタビュー」というテクニックを使います。どういうことかというと、警察署外で取調べるんです。フィールドっていうのは屋外、という意味です。屋外取調べとでも訳せます。録音・録画装置のないところでやるわけです。例えば公園のベンチに座って。

　だから、可視化先進国であっても、録音・録画義務に関しても問題はなくならない。

　牧野：ありがとうございます。この問題で、他に発言されたい方、いらっしゃいますか。どうぞ。

　小池：今のお話に続いて言いますと、任意取調べという名のもとで、事実上、実質的には拘束されている雰囲気で取調べられ自白を強要されるというのは、志布志事件をはじめ、ほとんど通常のパターンです。ですから、最初の任意取調べの段階は極めて重要で、ここでビデオ録画されていないというのは、決定的に問題があると思います。

　それから、指宿さんが言われたように、裁判員裁判対象事件と検察独自捜査事件が、今回の法律で取調べの全過程可視化という原則になったと言われてはいるんですが、その中に、例外規定がいくつか設けられています。例えば、可視化すれば自白が得られそうにないと取調官が判断したときには、録音・録画しなくていいという例外規定があります。

　これでは、ビデオ録画があったら自

白しそうにないから録画をやめました、例外規定に当たりますから、と言い逃れができる余地がある。こんなあいまいで取調官の裁量を許すような法案ではだめだ、と私たちが反対したのです。予想どおり中途半端な規定で、これでは全過程可視化とはとても言えないと反対しました。

法律が通った以上は、私の立場もガラッと変わりまして、原則、全過程可視化と言っているのだから、こんな例外規定は基本的には適用するな、と。よほどのことがないと例外規定を適用するな、ほとんど適用されるケースはないよと、法律が通った以上、弁護士としては言わざるを得ない。

同時に、全過程可視化しても、それなら問題ないかというと、必ずしもそうではない。例えば、今市事件では、代用監獄に147日間容れられ、「自白しないと食事をさせないよ」と脅された。

というように、全過程可視化しても問題が残るということは、指摘しておく必要があると思います。

牧野：ありがとうございます。

8 録画媒体の実質証拠化の問題性

牧野：次のテーマに移りまして。もともと、最初の実質証拠として録画媒体を使っていいのかどうか、という議論にまた入っていきたいと思います。もともとは、任意性立証のためにビデオ録画されたという経緯があると思うんですが、この経過について、先ほど、周防さんからちょっとご報告いただいたんですが、何か部会の議論についての補足するようなことがありますか。

周防：やっぱり、これも、自分で反省しますけど、法制審議会での僕は、聞きたいものしか聞いてなかったのかなっていう気がするんです。実質証拠化の前に、一部録音・録画の話でも、実は、裁判官からの意見では、例えば、死体遺棄で逮捕する、だけど殺人の取調べをして自白を取ったら今度は殺人で逮捕して更に取り調べるということになるケースを例に上げ、最初の死体遺棄は、裁判員裁判対象事件じゃないから録音・録画しなくていいなんてことにはならないと。

要するに、当然、殺人罪を視野にいれた逮捕であることは分かるわけだから、死体遺棄での取調べの最初から録音・録画されていないと困るっていうのは、裁判官自らが言ってるんです。一部録音・録画の危険性については、裁判官にもきちんと認識があるという感触を得ていました。だから、今市事件で、一部録音・録画にも関わらず、それを補助証拠として法廷で見せるなんていうのは、異常な裁判体だとしか思えない。

本当に、何も勉強していないのか、

という、それぐらい、ニュースを目にしたときには驚きました。一部録音・録画の危険性について、あれだけ法制審で話し合っていたのに、そのことに全然、裁判官が、無頓着であるということが信じられなかったです。でも、もしかしたら、僕が会議で聞きたいことしか聞いてなかったのかな、と思って、自分を恥じているところです。

あと、実質証拠化については、会議で隣に座っていた井上正仁さんが、ここにも引用されてましたけど、「そんなの、使えばいいじゃないか」って話してたんですね。さっきも言ったように、僕は、実質証拠化なんて、普通の感覚としてあり得ないだろうと思っていたから、その場であまり強く反発しなかったことも反省しています。取調べって、異常な状況なわけです。その異常な状況の中でのやり取りを録音・録画したものを、なんで真相解明のための証拠として使えるんだろう、という。あまりにも異常なことなので、当然ありえないものだと思っていたからこそ、相手にする必要がないと思ってしまったのかもしれません。

そこも反省していて、学者といえどもこんな風に短絡的に考えている人がいるんだということを認識しておかないといけないな、っていうふうに、痛烈に反省しています。ちょっと違う方向にいっちゃいましたけど、そういう感じです。

牧野：今、話に出た井上さん、特別部会で様々な弁護士から見ると反発を受けるような発言を繰り返してる人なんですが、確か、特別部会で実質証拠については、小坂井さんと議論してて。機械的に正確だから、検事の作文、と弁護士会、いつも批判してるから、それよりいいじゃないか、と。で、実質証拠利用を妨げる理由ない、と。機械的に正確だからいいでしょ、と。検事の作文は作り物だ、といつも弁護士が言ってるじゃないですか、というような議論を戦わせてて、もちろん小坂井さん、反論してるんですが。

それについて、今度は、青木さんに矛先が向いてしまうんですが、青木さんは、その議論を見ていて、理論的には、井上説のほうが正しいと言わざるを得ないけども、実務としては、捜査中心主義の弊害があると述べています

ところで、実質証拠についての使用については、3つ立場があると言われてます。

つまりA説、実質使用は、理論的にはできる。実務でも使用できる。これ、最高検察庁の立場ですよね。もう一個は、B説実質使用は理論的には可能、しかし実務では、やっぱり問題はある、と。これは、青木さんの立場だとわれわれは理解していました。それで、最後はC説は理論的にもだめ、という立

場があって、理論的にはだめというのには次にいきますが、青木さん、当時は、問題指摘しながら、理論的には一応いいという立場であったんですが、現在は、どんなご見解か、よろしかったら。

青木：基本的に変わってはいないのですが。今、整理いただいたとおり、全面肯定（最高検察庁）の立場をA説、理論的には可能であるが実務的には問題ありとの立場（私見）をB説、理論的にも否定すべきとの立場をC説と仮にしますと、B説とC説の狭間で揺れ動いているところです。2015年に論文を書いたときには、正木祐史先生（静岡大学）や伊藤睦先生（三重大学）の論考などは拝見しましたけれども、解釈論としては、さすがにしんどいのかな、と思っていたのですが、その後、よく考えてみると、C説もあり得ないではないな、と。ここを、もうちょっと、深く掘り下げてみる価値はあるのかな、と思っているところです。

ちょっと、法技術的なことで大変恐縮なんですけども、198条2項以下の解釈として、2項、3項、4項、5項と並べてみると、現在では、渕野貴生先生（立命館大学）や葛野尋之先生（一橋大学）も似たようなことおっしゃっていると思いますけれども、証拠を、このままの形で、法廷に証拠として出していいのかどうなのかを、当事者に委ねた趣旨なのだ、という解釈もあながち無理ではない、という気がして。

もちろん、伝統的な解釈論とか、平成17年の最高裁判例（最（二小）決平成17・9・28刑集59巻7号753頁、判時1910号154頁、判タ1192号182頁：被害再現写真とか犯行再現写真に関しての最高裁判例）などの判例法理の流れからするとしんどくて、なかなか、裁判の現場では受け入れられないかな、とは思いますが、C説の可能性もあるのではないかなと考えている今日この頃です。

牧野：ありがとうございました。実際に、弁護士会の弁護士の方とか研究者の中にも、C説で、なんとかこれを、危険性があることを論じようとしています。実は、東京高裁の平成28年8月10日の判決（東京高判平成28・8・10高刑集69巻1号4頁、判タ1429号132頁）で、取調べ段階の供述態度をそのまま実質証拠とすることについては、全然、状況が違う、と。公開の法廷では弁護人も立ち会ってるし、反対者の質問もできるのに比べて、取調べ段階では、一方的に尋問されて弁護人も立ち会ってない長期間、拘束されることもある。これに対して、公判廷では供述態度から心証を取ることを許されてるのは、そのような公開の法廷で弁護人もいて、判断者からも尋問できるのに、取調室では、受動的な尋問があるだけで、

誰も、弁護人も立ち会っていない。その違いがあるのに供述態度が同じように信用性があるとすることはできない、というような警鐘を鳴らした判決が今市事件のあとに出ました。

これは、傍論というかたちで、そこまで踏み込まなくても判決書けるけれど、さらに改正法の趣旨にも触れて改正法も任意性の立証だけを考えてるから、それを超えた立証は好ましくない、というようなことを明示した東京高裁判決が出て、弁護士会としては、非常に好ましい判決と捉えていますが、この判決について、どなたかさらに。

青木：続けての発言であれですが、先ほどの関連でご容赦願いたいと思います。今、言及されたのは、東京高裁の平成28年8月10日という、今、実務で一番注目されている判決の一つだろうと思いますけれども、牧野さんがおっしゃったのは、ある種の供述環境論といいますか、自白するという現象一つとっても、取調べという密室の中で圧倒的な力関係の優位と劣後のある、特殊な、周防さんがおっしゃった異常な場の中でされる供述と、法廷で弁護人が付いていて、第三者である裁判官もいて、そのやり取りの意味がよく分からなかったら直ちにその場で介入して質問の趣旨を正したり、そういったことができる環境と、そもそも供述が出てくる環境が違うのではないか、という立論です。私は、供述環境論と、仮に呼称しております。

その供述環境論を理由にして、東京高判は、そのような録音・録画媒体を再生する法廷の在り方というのが、捜査との関係で正しい在り方だとは思えない、という趣旨のことを言っています。捜査と公判との関係という大きな構造論を理由にしているように、私には読めます。すると、理論的には、私は直接主義、実質的直接主義のほうですけれども、これが根拠になるのではないかと思っています。先ほどの、非常にミクロ的な、供述調書には署名・押印があるけれどもDVDにはないという、その場面の解釈論とは別に、そもそも、そのような捜査と公判の接合の仕方を刑事訴訟法は想定していないという、構造論的な理由付けはできないかな、と。

ただ、それは、話が大きすぎて、例えば、判例時報なんかによく論文を発表される有力な検察実務家（清野憲一検事）からすると、直接主義だの伝聞法則だの、非常に抽象的な原理を持ち出すことは必ずしも法解釈の理由付けにならないのだ、みたいな反論もあります。それにどう再反論できるか考えているところです。先ほどの補足も含めて、発言させて頂きました。

指宿：2016年8月10日の東京高裁判決から少し読み上げたいと思います。

8 録画媒体の実質証拠化の問題性

「改正法で定められた録音録画記録媒体の利用方法を超えて、供述内容とともに供述態度を見て信用性の判断ができるというような理由から、取調べ状況の録音録画記録媒体を実質証拠として一般的に用いた場合には、取調べ中の供述態度を見て信用性評価を行うことの困難性や危険性の問題を別としても、我が国の被疑者の取調べ制度やその運用の実情を前提とする限り、公判審理手続が、操作機関の管理下において行われた、長時間にわたる被疑者の取調べを記録媒体の再生により視聴し、その適否を審査する手続と化すという懸念があり、そのような直接主義の原則から大きく逸脱し、捜査から独立した手続とはいい難い審理の仕組みを適正な公判審理手続ということには疑問がある」。

整理しておきたいんですけども、法律家以外の方もたくさんおられる中で恐縮なんですが、この東京高裁で争われたのは、検察官が一審で取調べ記録媒体再生する必要があるから再生させてくれ、との申し出を裁判所が却下したのです。その判断について高裁は正しかったと言ってるわけです。何が争われたかと言うと、実質証拠として用いて良いかどうかではなくて、この取調べ記録媒体を本件で再生する必要があったか否かという必要性の有無についての判断の是非が審理されていました。だから、記録媒体を証拠として使ってはいけないとか使っていいとか言ったわけではないんです。形式的には。

そもそも論ですが、記録媒体を証拠として使うには、二つの要件を満たさないといけません。一つは、自然的関連性と言って、その証拠が証明したい事実を、科学的な証拠とか供述証拠とか客観的証拠とかいろいろあるけれども、きちんと証明できる関係にあるのかどうかということです。だから、よく教室で使う例は、有名な占い師さんのところに行って「この人、犯人ですか」「犯人に間違いありません」と答えた。では、この占い師の証言で犯人であることを立証できるか、という問題です。この場合は自然的関連性ありません、と教えます。

もう一つは、法律的関連性と言って、これは定型的に法律的に、こういう種類の証拠は使ってはいけないというルールです。これがなければ証拠としていいよ、というふうになる第2段階があるんです。第2段階は、この証拠を得るために違法なやり方をやった場合、これは法廷で認めるわけにいかない、というルールです。「違法収集証拠排除法則」といって皆さんも聞いたことあると思いますけど、拷問による取調べで自白させたような場合も、これにあたると言ってもいいです。これが第2段階。

33

次に第3段階で、証拠能力はあるし、証拠として使っていけないわけじゃないんだけど法廷で使う必要があるかどうかが問題となります。100も200も証拠ある時に全部出してこられたら、裁判は長期化する。裁判員裁判だとかでも、審理が長期化するから必要なものだけでやりましょう、ということになるわけです。

形式的には、東京高裁は、この3つ目に関して必要ないとした原審の判断は妥当だ、と言うだけでも良かったのに、わざわざ原則論を展開したのです。大上段の原則の話をしたわけです。その真意を考えますと、これは一番最初のところのレベルと同じことを言っているのではないか。実は、必要性の話をしているようで、高裁判決は証拠能力の話をしているのではないか、というのが、私の読み方です。

こんな録音・録画媒体を法廷で再生することを認めたら、裁判体や裁判員にどんな影響を与えるか分からない。だいたい反対尋問もできないんだし、長時間取り調べられてるんだし、密室で。つまり東京高裁は、こうした媒体は定型的に判断を誤らせる証拠だというふうに、法律的関連性に疑問がある、と指摘していると思います。だけど、それを正面に出したら、そもそも、そうした論点については高裁は問われていない。必要性がないという判断をした原審が正しいかどうかが問われているだけですから、そのレベルで答えるしかなかったんです。

こうした議論を法律的関連性の議論に落とし込むような戦術、あるいは主張を、理屈をこれから考えていかなきゃいけない。私は、直接主義でもないし反対尋問権でもない考え方で説明してみたいと思います。

どういうことか。映像は定型的に人の心証を誤らせるんです。これははっきりしてる。これは別に取調べ映像だけの問題でなくて、すでに日本の裁判所は、そうしたルールを幾つも持ってるんです。一番典型的なのは、悪性格証拠と呼ばれる種類の証拠です。悪性格証拠とは前科や前歴が典型例です。つまり、「被告人は、こんな犯罪を以前に犯してたんです。今度もやったかもしれないでしょ」というように過去の行状を現在の立証に用いる方法です。実際これは、世間では認められます。子どもが家の中で悪さやったと疑われていた場合、「お前、この前もやったんだから、今度もお前に違いない」と親は考えますね。これは家庭内ではオッケーですが、法廷では許されません。「去年も同じような罪で刑務所から釈放されたばっかりだから、今度もお前だろう」。こういう考え方は法廷で禁じられているのです。先ほどの証拠採用の要件に照らすと、自然的関連

性あるかもしれないし、法的にも問題ないように思えるのですが、そういう過去の行状を示す証拠が出てしまったら、裁判官も裁判員も被告人が犯人に違いないと思ってしまう。

けれども、この悪性格証拠は、量刑では使っていいということになっています。有罪に決まった後の段階だからです。「前も同じことやったから、今度はもうちょっと重く罰そうね」といった刑の重さを決める理由には使っていいんです。同じ証拠でも、公訴事実を立証するために使っていいか、それともいけないか。量刑の資料として使っていいか、それともいけないか。日本の裁判所は同じ証拠の利用の可否を場面によって決めているんです。

悪性格証拠が出てきたら、人は、「この人、やっぱり今回もやったんじゃないか」って思ってしまう。これは、法律論ではありません。心理の問題なんです。それを踏まえて、有罪無罪の判断のためには悪性格証拠は使わないようにとルール化されているんです。

映像記録もこの悪性格証拠と同じだと思います。映像を見たらこの人犯人に間違いない、と人は思ってしまう。だから、法律的関連性は否定しておきましょう、と考えるわけですね。

牧野：ありがとうございました。私も同じ意見なのですが。実は、今、判例を配っておけば良かったんですが、

まきの・しげる

1950年高崎市生まれ。慶應義塾大学法学部卒業。'82年第二東京弁護士会登録。2008年以降、日弁連裁判員本部で裁判員制度見直し提言作成関与。'10年8月裁判員経験者ネットワーク設立、経験者の交流会定期開催へ。裁判員経験者ネットワーク主催の公開シンポジウムとして、①'15年4月19日青山学院大学にて「裁判員の体験と心のケア」経験者へのこころの負担原因と軽減策アンケートの分析と討論、②'17年9月17日同大学にて「裁判員をめぐる課題解決の実現に向けて～辞退率上昇と守秘義務の弊害～」。現在、日弁連刑事弁護センター幹事　同制度改革小委員会　第二東京弁護士会裁判員センターの各委員。裁判員経験者ネットワーク共同代表世話人。
〈主要著書〉『実践！Q&A裁判員裁判』（共著、2009年、ぎょうせい）、『裁判員裁判のいま』（共著、'17年、成文堂）。〈主要論文〉「論点 裁判員の守秘義務――評議内容語らせ検証を」（読売新聞'09年10月8日）、「裁判員経験者ネットワークの意義と展望」週刊法律新聞'10年10月8日号、「私の視点 裁判員裁判3年 評議の検証と共有化が必要」（朝日新聞'12年7月21日）、「裁判員の心理的負担軽減案と評議の課題解決案」二弁フロンティア'12年5月号）、「裁判員の守秘義務の大幅な緩和」季刊刑事弁護72号（'12年）、「裁判員の義務・負担」刑事法ジャーナル39号（共同執筆、'14年）等多数。

配布資料の週刊法律新聞の3月24日号の2頁目から、3月31日号にかけて、かなり詳しく紹介してありますので、

それを読んでいただければ、ほとんど全文載っています。全文っていうのは、結論には関係ないんですけど。結論は、別の理由で決まってしまったんですが、ここまで書く必要はないのにわざわざ大上段に書いたのは、指宿さんと同じ私も理解です。

これ、事例判決にすぎないという意見もあるんですけども、僕は、3月31日号の2行目に書いたのは、捜査段階の録音・録画の供述態度から犯人性の心証を取り実質証拠として活用されることへの理論的警鐘を公判中心主義の立場と改正刑訴法の基本的立場からの東京高裁からの貴重な理論的提示判決を捉えるべきである、というのが私の意見です。

今、法的関連性の話が出たので、実は、最近、ちょっと紹介しておきますと、この法律新聞にも書いてありますけども。この判決が出たあと、新聞報道、例えば、時事通信の11月27日の報道によると、これ、その年のです。裁判員裁判の裁判官の集会で、取調べ映像を自白が信用できるかの判断に使用することに慎重な意見が相次いだ、と。これ、40人ぐらい集まったらしいんですけど。公判中心主義を目指しているのに捜査段階での取り調べビデオを法廷で再生する上映会になるのではないか、と疑問視する声もあった。ということで、裁判官の中には、かなり、このような取調べ、供述態度をそのまま持ち込むようなやり方は許さないという懸念の声は強いということは、新聞報道でも明らかです。

ついでに、季刊『刑事弁護』で、上映会になるのではないか、という疑問視をそのまま、「上映会を許すな」という題で、季刊『刑事弁護』91号が特集を組んでまして。それが最新の原稿になってるんです。あれ僕もいろいろ見ましたけども。そこで、法律的関連性の問題と、必要性の問題について、岡慎一弁護士がコメント寄せてまして、ちょっと紹介してそれについても少し議論できればと思うんですが。

岡先生も、ちょっと特殊な前提を置いてですが、「やはり、取り調べ段階の供述態度の映像は今市事件でも問題になったように判断を誤らせる危険性がある。それは定型的にある」と。類型的に判断を誤らせる懼れがあったら、さっきの性格の悪性の立証と同じで、類型的に法律的関連性がないという主張も可能かもしれない、と述べています。ただ、岡先生は、そこから、それで終わりじゃなくて、ただ、東京高裁は必要性はないという判断をしているので、必要性がないかどうかの角度から攻めてみたいということで分析しています。

他の証拠で代替できるものは全部いらない、いらない、いらないって蹴っ

ていくと、最後にどうしても録画映像じゃないと判断できないものはなにかというと、実は、取調官の取調べの仕方だと岡さんは、述べています。取調官のどんな表情でどんな仕草で取調べてるかだけが必要性として残る、と。そこは、録画でやらざるを得ないと言っています。

9 撮影方向のインプレッション効果の問題

牧野：先ほどのインプレッション効果の話にもう一回、戻りますけども、一番インプレッション効果が少ないのが、取調官を真正面から映すやり方なんです。DF方式って言われてて。一番信用されやすいのは、任意性あるというのはSF方式って言って被疑者を映すものでEF方式っていうのは、真横から映すニュージーランドでやられてることなんですが。

くしくも、周防さんも、やっぱり取調官は正面から映したほうがいいかな、ということを。前は、真横から映したほうがいいかな、と言ってたんですが、私も、一番インプレッション効果が少ないDF方式、取調官だけ映せばいいと考えています。木谷明元裁判官にこの話をしたところ、取調べの可視化のはずが、いつの間にか、供述（態度）への可視化にすり替えられているというコメントを寄せてもらって、これはいいことを言ってるな、と思っています。

だから、取調べの可視化なら取調官を映せば十分じゃない、と。もっともなんです。あとは録音すればいいじゃないか、ということで、くしくも、岡さんのアプローチ、必要性のアプローチがインプレッション効果のアプローチと一致して心強い限りと思っています。この点に関して、さらにどなたが発言ありますか。

小池：供述態度の可視化という点で、先ほどの東京高裁が供述態度から判断する危険性を明確に指摘しています。今日も、供述態度からの危険性がいろいろ指摘されています。でも、被疑者の供述態度をビデオ録画で見たときに、危険性があると分かりながら、やっぱりこうじゃないか、ああじゃないかと、私たちは見るのではないでしょうか。危険性が分かっておりながら、しかし、実際は、ビデオ録画を見ることによって、直観的に判断する、と。

指宿さんの論稿に「頑健性」という言葉がありました。「直観性」「頑健性」。私たちが見て、直観的に判断してそれを変えない。いくら危険性を周りから指摘されても、そういうものだろうと思います。ですから、供述態度から判断するのは危険なのです。と言っても、

《パネルディスカッション》取調べのビデオ録画——その撮り方と証拠化——

　私たちはやはり、私も含めて、できるだけ多くの情報を得て真相に迫りたいと思うものですから、どうしても見てしまう。見て直観的に判断する。このリスクを言っているんだろうと思います。

　取調べのビデオ録画が、公訴事実を直接証明するための実質証拠としては用いられていない国としては、フランスとかイタリアとか台湾とか韓国とかが挙げられています。ところが、2014年6月16日最高検察庁依命通知は、自白調書の任意性だけでなく信用性立証のためにも録音・録画しましょう、という通達を出しています。

　これは、ちょうど法制審が終わりかけのときで、日弁連も含めて、この法案に賛成しようというのを後押しするタイミングで出されたわけです。当時、日弁連理事会が真っ二つに割れていました。52単位会のうち3分の1位の単位会の会長は、日弁連執行部の方針に反対しました。その直前のタイミングで、この最高検依命通知が出されました。

　この最高検依命通知は、自白調書の信用性などの立証のために大いに録音・録画を使いましょうと言っているわけですから、検察はビデオ録画に前向きに取組むから法案に賛成してほしいという日弁連へのメッセージという思惑があったと思います。同時に、検事の中には、先ほども言いましたように、どうしてもビデオ録画は取調べの妨害になると、真相解明の妨げになると確信している人たちがいるわけで、その人たちをなだめるという思惑もあったと思います。それからさらに突き進んで、2015年2月12日最高検依命通知は、録音・録画について、有罪立証の実質証拠としての使用も検討しましょう、と言っています。実質証拠として積極的に使用する方向性を打ち出したのです。

　まさに、先ほどの東京高裁判決に逆行しています。これらの最高検依命通知は撤回させる方向でというか、これを無視して裁判実務が東京高裁判決の方向で進んでいくことを期待します。公判中心主義を破壊するようなやり方では、裁判官としては存在価値がないわけですから、裁判所としての、裁判官としての誇りを持って、この東京高裁判決の考え方をどんどん進めていってほしいと思います。

　牧野：ありがとうございます。供述態度でもインプレッション効果のどちらでも結構です。

　平山：これまでの先生方のお話を聞きながら、今市事件の公判で見た取調べの録音・録画映像のことを思い出していました。一部の報告でも申し上げましたが、被告人は台湾出身で、日本語によるコミュニケーションに一定の

限界があったように感じられました。日本語は分かるし、しゃべることもほとんど問題ないと思うんですけど、どちらかというと、ボソボソ、ボソボソとしゃべっているんですね。まぁこれは、被告人の多くに共通することかもしれませんが。ですから、公判で再生された映像も、おそらく音量をだいぶ上げてはいたと思うんですけど、傍聴席にいた私たちも身を乗り出して耳を澄まして聞いていました。とにかく聞き取りにくかったのです。

　被告人は、取調べ中ずっと、「はーはー」と息をついたり、「今日はここまでにしてください」などと何度も言っていました。しかし、検察官は、取調べをやめないんですね。まだ殺人事件では逮捕される前なので、その取調べは任意であるはずなのです。だけどやめない。取調べの受忍義務はないはずなのに、検察官は「ちょっと休んでみよう」などと言うだけで、映像中の被疑者が「もう無理」とか言っているのに、ずっと取調べが続くのです。

　また、被告人の取調べを受けるときの様子、つまり「はーはー」とか、首を振ったりとか、うなだれたりとかっていうジェスチャーですけど、その評価は見る人によってずいぶん違うんですね。判決文を読んでみますと、被告人は逡巡、つまり、反省して、悩みながらも、最終的には犯行についてジェスチャーを交えながら供述している、というように理解されているわけです。見る人によってはそのように見ることもできるでしょうし、あるいは、もう言いたくないこととか分からないこととか知らないことを言わされるときに、「分からないから」とか「苦しいから」とため息をついたり首を振ったりしている、と見る人もいるでしょう。供述態度とか、供述に最終的に至るプロセスというのは、見る人の主観がどうしてもそこに入ってしまうんだなと思いました。私はこの裁判を傍聴して、そして取材された記者の方々の色々なコメントを読んだり、また最終的に判決文を読んで、ずいぶん見る人によって印象は違うんだなと思いました。

牧野：今、韓国の話もちょっと出たんで、季刊『刑事弁護』に、青山学院大学の安部祥太さんがコメントされてますので、簡単に紹介しときますと、韓国では、弁護人の立会権も認められているもかかわらず、実質証拠の使用は禁止してます。理由として挙げられたのは、公判中心主義に反するからと言われてるそうです。そこで言う公判中心主義というのは、公判でやんなきゃいけないってことと同時に、捜査段階で形成された心証をそのまま引きずることは許さない、というふうに安部さんは紹介してます。参考までに、

韓国では。

それから、インプレッション効果と供述態度の実質証拠性をなんとか融合して、一緒に解決できないかって、ちょっと僕考えてて、指宿さんには、これはお話したことがあったんですが。供述態度の危険性が一番、実質証拠としての検察側にとっておいしいところなんです。だから、検察側においしいところを食わせないためには、供述態度を映さなければいい。ということは、撮影方向で、さっき言った取調官だけ映して、取調べの仕方だけ映せばいい、と。そうすると、実質証拠化の弊害もある程度防げるんではないか、というふうに、私は思い付いているんですが、この点、皆さん、どうでしょうか。

10　録音・録画の実験映像と撮影方法の問題点

牧野：ここで機器の故障が直りましたんで、録音・録画の実験映像ですね。お願いします。

（映像音声）取調官：じゃあ、マツモトさん、あのね、今から、事情聴取を録音・録画しますけども、あなたには黙秘権といって、言いたくないことは言わなくていい権利があります。それから、これからマツモトさんに、事件のことについて聞きますが、検察庁は警察庁とは違う組織なので、警察で言ったことと別のことを言っても構いません。今の記憶で話を。

指宿：これは、2010年に実験したときの検察庁、当時警察庁もこのスタイルです。取調官の斜め後ろから被疑者を撮影する方式で、このように撮っていました。次が横からもし撮ったとしたら、これがどのように見えるかっていうのが次です。

10 録音・録画の実験映像と撮影方法の問題点

(**映像音声**) 取調官：これから取調べの様子を録音・録画しますが、構いませんか。
(**映像音声**) 被疑者：はい。

(**映像音声**) 取調官：それでは、録音・録画を始めます。マツモトさんね、今から事情聴取を録音・録画しますけれども、あなたには黙秘権といって、言いたくないことは言わなくていい権利があります。

指宿：その次が、ニュージーランド等で行われているイコール・フォーカスと呼ばれる方式です。

先ほど、ご提案のあった、取調官のほうをもし撮影したらどうなるか、というのが、次のアングルになります。

刑事ドラマとか、警察もの、周防さんの『終の信託』でも検察官の顔が映りますけれども、日本では、実際の取調べ映像では、こういうものは撮られていないということになるわけです。これが、検察官あるいは警察官を撮影するDF方式というものです。

41

《パネルディスカッション》取調べのビデオ録画 ――その撮り方と証拠化――

現在、警察は天井にカメラを設置していますので、だいぶ見え方が違っています。今年、司法協会というところから助成金をいただいて、警察がやっている天井から撮影している方法での映像も作ったので見ていただきます。こういうふうに見えます。

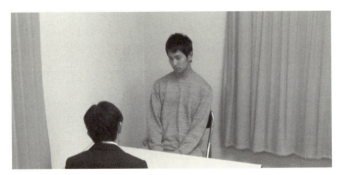

(映像音声)取調官：君がけがさせたでしょ。後遺症も残るみたいですよ。診断書、見ますか。これ、やったことです。

指宿：われわれの録音・録画の心理実験はこういうふうに撮影した映像を被験者に見せて行った結果だ、ということの紹介です。ある県警に行って設置状況を見せてもらって、アングル的にはこれで間違いないだろうということで再現しています。以上です。

牧野：ありがとうございました。指宿さんに、その場でもし答えていただければ。現在の状況っていうのは、前より悪くなってて、SF方式、被疑者を正面から映すの近くなってる気がす

42

るんですがどうでしょうか。

指宿：今回の警察の撮影方法は2画面でなくなり、1画面になりました。一つの理由は、従来の撮影方法は、ブルーレイのDVDの録画機器が取調官の後ろに設置される方式だったんですが、お皿に焼くのだとコストがかかるということでネットワークにすることにして、録画機器は別室に置かれています。カメラは天井に備えてあります。要するに、皆さんのマンションとかに防犯用のカメラが設置されているのを想像していただいたらいいと思います。マンション内のどこかで一括して録画しているというイメージです。

2画面でなくなったので、遠景（部屋全体）の撮影がありません。他にいる人が映らない。補助官とか、他に室内にいる人が映りません。それから、もう一つの特徴として、頭の上から撮っているので、被疑者がちょっとでも下を向くと表情は見えません。

牧野：ありがとうございました。貴重な映像、ありがとうございました。先ほど、私が途中まで言って供述態度を実質証拠とする弊害、最高検依命通知等での問題もインプレッション効果を最小限にするDF方式、取調官を真正面から映しちゃう方式にすれば、被疑者の被告人の供述態度が映らないので、実質証拠の弊害もかなり減るんじゃないかと思い付いて、この間、指宿さんにもお話ししたんですが。それを、強力にDF方式を進めて日弁連に提言すべきじゃないかと考えているんですが、この点、他のメンバーの方、いかがでしょうか。

青木：そうあるべきだと思いますけれども。方向性は、まったくそのとおりだと思いますけど。

牧野：実は、日弁連の提言にしてもらった方が良いと考えて私案も作って日弁連の内部で動こうとしていますが、動きが鈍そうで、どこかに論文でも載せるしかないのかな、と思っていますが、この内部で、このメンバーで賛成いただければ心強いと思っています。一挙に少し解決するのかな、という気もするんですが。

指宿：技術的には、検事取調べは先ほど申し上げたように、カメラと録画媒体の装置が一体型で、検事のだいたい右斜め後ろに置いてあるので、その装置を被疑者の後ろに持っていけばいいだけなので、実務運用上、検事取調べでの撮影方向の変更は簡単だと思います。警察署は、先ほど申し上げたように、もう天井に固定されていて、だいたい出口に近い場所にあるんです。そのため、設置場所を変える必要があります。

検察庁の場合は、機材が可動式ですから容易に対応できるわけです。今からすぐにでもできるでしょう。

牧野：ありがとうございます。実質証拠化の問題の論争は、まだまだ長引きそうな気がするんです。検察庁と。このビデオの撮影方向っていうのは、法律で決めてる事項じゃないので、運用でいつからでも変えられるっていうのが1点。もう1点は科学的心理的実験に基づいてるから、検察官も反証はできない。科学的実験ですから。

だから、この2点をもって、日弁連は強く言って、撮影法を明日からでも変えないと。毎日、毎日、冤罪の危険をビデオ撮られてると思うと、たまらないんです。ところでインプレッション効果については、まだ、指宿さんから補足意見はありますか

指宿：可視化申し入れのときに、DF方式の申し入れ書も一緒に出せばいいんじゃないかと思います。

青木：DF方式ですけど、さっきご紹介のあった岡慎一先生の論文でも、取調官の言動を確認する限度で可視化は非常に効果的だとされています。岡先生は、3つの場合に分けて論じており、供述の経過そのものを問題にするのならば、例えば、反訳書自体を取調べることだって考えられる。被疑者の供述態度や表情を映像で再生するっていうのは、非常に危険である。これは、法律的関連性とか、理屈はいろいろあるかと思いますけども、理論で抑え込まなければならない。

すると、残るのは、取調官がどういう言動を取っていたかっていうことであって、これについては非常に効果的である。そこに限定すべきであるということで、その結論については、ここでの議論と一致している気がするのです。ミスター可視化論と呼ばれる某弁護士は、とりあえずは、取調室から殴る蹴るがなくなったと発言していました。このテーゼとも、平仄は合っていると思うのです。要するに、取調官が、そのような粗暴な言動ができなくなったという効果はある。しかし、まだ限定的な効果で、今日議論したように、非常に副作用もあるので、気を付けて使わなければいけないということが、一応、議論としては成立するのではないでしょうか。

牧野：ありがとうございます。続いて、付随的に論じておきたいんですが。元裁判官の木谷明さんが、やっぱりどこかで述べてて、指宿さんの論文で紹介していただいたんですが。可視化が実現しても、私は心配している、と。なぜかというと、殴る蹴るがあれば、確かに、それは脅迫的だとか分かるけども、そこまでいかない強圧的な追いつめるような尋問は、今までも裁判所は比較的、任意性を認めちゃっているんです。と言われています。

特に八海事件のときの弁護人の先生なんかは、真犯人じゃなければ自白し

ないだろう、と。今でも裁判官、考えてる裁判官、多いんじゃないかというようなことで、木谷明さんは、可視化が進展していっても、緩やかな強制による自白の危険は残るんじゃないか、ということ、とっても心配されてました。

佐藤博史さんは、足利事件について、録音テープで、厳しい尋問じゃない録音テープなのに、あとでDNAで、実は真犯人じゃなかったと分かるんですけども、それも緩やかな尋問で追いつめられて自白になることもあったということが指摘されてるようです。

牧野：ここで5分でいいのかな。5分休憩しますので、2回目の質問票の回収を行って、その後、会場からの質疑応答を受けたいと思います。質問票には、誰に答えてほしいというのを書いてくださると、なお分かりやすいし、特になければ適当な人に答えてもらうことになります。

11　会場からの質疑応答

〔質問〕
全面的証拠開示の重要性――録画も含めて――

牧野：最初に遠藤直哉弁護士からの質問です。全面証拠開示が重要ではないか。録画も含めて全証拠を弁護人が閲覧して必要に応じてコピーを取ることで手続きの効率化・負担軽減ができないか。この点を指宿さんと小池さんにご指名の質問です。

指宿：おっしゃるとおりでしょう。全事件の取調べの録音・録画と、全面的証拠開示の二つは、日本の刑事法を変える為に必要な柱だと思っておりますが、証拠開示についても、今回の法制審議会の諮問を受けた改正によって、いわゆる証拠のリスト、標目と言われるものですけども、これの開示請求ができるようになりました。

ところが、実際、弁護側がこれを使い始めてみると木で鼻をくくったようなリストしか出ないということで問題になっています。何月何日の供述調書とか、それぐらいしか書いてなくて、内容が全然分からなくて、これでは意味がないだろうというものです。検察側はリスト開示を実質的に意味のないものとしようと非常に抵抗を示しています。法制度上せっかくのリスト開示が実現したんですけれども、開示の内容がちゃんと分かるようなリスト開示に変えさせなければいけないという問題があります。

そもそも、日本の検察官は、公益の代表者と言いながら、無罪方向証拠の開示義務がないんです。全ての証拠を開示させる制度、もしくは、無罪方向証拠の開示が義務付けられていない

と、弁護人から見て有利と思われる気付かない情報や証拠にアクセスすることはできません。世界各国とも、様々な方法で被告人に弁護側に有利な証拠へのアクセスが保証されるような仕組みを取っているんですが、日本は、それがまったく不十分です。

小池：証拠開示の問題はおっしゃるとおりだと思います。先ほど、私、参議院法務委員会に参考人として出た話をしましたが、衆議院法務委員会にも出まして、そこでは証拠開示のテーマで参考人になりました。そこで述べたことを1点だけご紹介しますと、今回の法改正でも、捜査に支障があるときには証拠開示しなくていいという逃げ道があるんです。捜査に支障があるときとは、どういうときなのか。警察から言わせれば、いくらでも広がってくる。

しかも、証拠の標目だけ開示されても中身が分からない。非常に不十分だと思います。もちろんリスト開示は、半歩は前進したとは思いますけれども、それでは不十分です。

それから、改正法に、供述調書の任意性に争いがあるときには、ビデオ録画を証拠請求しないと、供述調書そのものも証拠として取り上げません、という規定があります。それ自身はいい規定です。ただ、調書を作成した時の取調べの回か、あるいは調書作成に近接した前の回の取調べに関するものであって、全部のビデオ録画ではない。ビデオ録画全部を開示する必要があるだろうと思います。

ところで、ビデオ録画を証拠請求することによって弁護人がそれを見ることができるようになります。実際に証拠採用されるかどうかとは、また別の問題であると考えます。弁護人がどんどん証拠開示させてビデオ録画を見るのは当然です。が、そこで止まって、そのビデオ録画を証拠として採用するかどうかは、調書の任意性立証のためであっても、裁判官の裁量によるわけですから、そこは、弁護人としては、反対すべきではないかと思います。

指宿：もし仮に、取調べ録画媒体が、弁護側に証拠開示されたらどういうことになるかというと、23日間、毎日6時間とか、8時間とか調べると単純計算でも160時間以上全部見るのは大変でしょうね。今市事件では開示された録画はトータル80時間と言われています。

この問題を解消するにはどうしたらいいか。結局、取調べに弁護人が立ち会った方が早いということになるんです。変な尋問は中断させるし、趣旨の分からない質問に答える必要はないと、弁護人がその場で助言していかないとならないでしょう。先進国で弁護人立会権の保障がないのは日本だけで

すから、最後の問題はそこに帰着するだろう、と思います。あとから弁護人がビデオを見てチェックするっていうのは、ゆがんだ刑事弁護だろう、と思います。

小池：今の点で言いますと、私、直接、弁護団に聞きましたら、全部チェックしたと言っていました。今市事件では80時間ビデオ録画されています。140日間にわたって身体拘束をして、255時間取調べている。255時間の取調べのうちの80時間をビデオ録画している。そのうちの7時間を法廷で再生したという経緯がありまして、指宿さんが言われるように、弁護人大変じゃないの、というのは、当然の疑問だと思います。

ですから、私が最初にお話ししましたように、取調べ時間の規制、取調べ時間を短くするということ。それから、弁護人を立会わせるということ。これも、取調べ時間を短くすることによって弁護人立会が現実化するという関係にあります。取調べの可視化とこれらがやはり3点セットになって追求されるべき問題であると思います。

指宿：イギリスも、録音が始まった時代から弁護人が立ち会っているんです。日本の当番弁護士制度のルーツは、イギリスのDuty Solicitorという制度です。それを日本の弁護士会が取り入れて、当番弁護士と言ってボランティアで始めた素晴らしい制度です。もちろん、イギリスは立ち会ってるからいいだろうとはなりません。他の刑事司法関係者、例えば、取調べに立ち会っていなかった検察官はどうしてるか。イギリスで聞いてみました。「全部聞いてるのか」、と。すると、「聞いてる」と一応みんな建前のように言うですね。で、「どこで聞いてるんだ」と尋ねたら「通勤の車の中で、カーオーディオで聞いてる」とかいう状態でした。

イギリスでは平均の取り調べ時間は4〜5時間の短い取調べですが、自分のオフィスに座ってじっと聞き続けるっていうのは苦痛でしかない。それは諸外国でも明らかです。だから、音声の反訳を取らせたり自動反訳とかで対応しようとします。どこの国も記録媒体を事後的にチェックするというのは実務上苦労しています。

牧野：整理しておきますと、調書の任意性が争点となりそれで任意性について証拠請求された場合に、それ見た上で、同意するかしないかは、弁護人が判断していいというかたちで、仮に出しちゃった場合、任意性のためだけに再生しても、今のようなインプレッション効果考えて撮影方向改善すれば少し減りますけど、供述態度が露骨に見えると、実際は任意性と信用性と分離することは人間心理として難しいので、任意性の立証のためだという趣旨

《パネルディスカッション》取調べのビデオ録画――その撮り方と証拠化――

ではいいということで、録画再生してしまうと、実際は心証を取られてしまうという危険があるということを、弁護人は意識しながら証拠請求に応じるかどうかを決めなきゃいけないという問題があります。

小池：改正法では、任意性の判断のために証拠申請しなさいという法律になっています。証拠申請しなさい、まではいいんです。しかし、申請と採用は別なので、採用は裁判所が判断してください、ということです。証拠採用は消極に解釈してくださいと言いたいと思います。ビデオ録画を弁護人が閲覧するのは当然いいとして、それを証拠化、証拠として採用するかどうかは別であって、それは裁判所が判断する問題です。弁護人が判断する問題ではない。弁護人は、証拠採用については、自分は閲覧しても、それを証拠採用することには不同意とすべきであるというのが、私が先ほど言った意見です。

任意性と信用性というのは実際は区別がつかない。調書の任意性判断のためと言いながらも、実際は実質証拠的な判断をしてしまうのが、人間です。これは、裁判官と裁判員も同じだと思います。裁判員はそのリスクが大きいから裁判員には見せないで、裁判官だけで任意性判断しましょう、という考え方もあるのですが、私は、裁判官も同じじゃないのと言いたい。裁判官は、一応、理屈では区別しても、実際は区別できない。そこが同じであるなら、せっかく裁判員制度ができているんだから、任意性判断のところでも裁判員も裁判官と一緒に見るべきではないかと私は思います。

しかし、もっと一歩進んで、基本的には任意性であっても、ビデオ録画は見るべきではない、裁判官も裁判員も。任意性と信用性の区別がつかないからこそ、見るべきではないというように、運用上も、できれば立法上もしていくべきであると思います。

牧野：今の点について、指宿さんに、さらにフォローしてもらいたいのは、さっきのSF方式、EF方式、DF方式のインプレッション効果の弊害は、職業裁判官でも受けるのか。また、説示でインプレッション効果受けるよって散々言えば防げるのか、そこ、さっきちょっと言ってくれましたが、もう一回、言っていただけますか。

指宿：これはラシターたちの研究でも、素人というか市民はもちろん、取調べに慣れているはずの捜査官でも、そして、職業裁判官でも実験してるんです。映像インパクト、映像による印象は、素人かプロに関わりなく出現することがわかっています。SF方式、被疑者にフォーカスを当てた撮影方式だと任意性ありと判断してしまう。これは人の心理なので、職業や経験は問

48

わないという結果が出ています。

牧野：説示で危険性を言ったらどうですか

指宿：それについてもラシターたちは実験してみたのですが、やはり危険性は変わりませんでした。先ほどのセッションの最後に牧野さんがおっしゃった、映像の次の問題は一体何かということに関わります。DF方式、取調官にフォーカスしてればそれで問題解決するかと言ったら、そうではないんです。危険性は別の問題からも引き起こされてきます。それは供述弱者と呼ばれる被疑者の属性、そしてそうした人たちを取調べる際の尋問のやり方です。

宮澤節生さんの古稀記念論文集に執筆した際に紹介した事件をお話しします。EF方式を採用しているニュージーランドの取調べ映像をお見せしました。2015年の3月、英国の枢密院でニュージーランドのマオリ族のタイナ・ポーラという（取調べ当時）少年だった被告人に対する強姦殺人事件の有罪判決が破棄されました。ニュージーランドは連合王国の国なので、最高裁は英国枢密院でした。今は法律が変わって、ニュージーランドの最高裁が最終審になりましたが。

このタイナ・ポーラの事件は、イギリスの枢密院がニュージーランドの最上級審だった最後の事件ですけど、彼の取調べは、全部、録音・録画されてます。しかも、EF方式で。しかし、それでも彼は無実の罪を自白し、陪審もそれを信用してしまいました。2000年になって、精液のDNA型鑑定をして、彼が無実だとされるんですけど、再審請求の段階で何が分かってきたかというと、このポーラ少年が重度の胎児性アルコール・スペクトラム障害を有していたということが明らかになったのです。彼は、「実は俺、真犯人知ってるんだよ」と言って、懸賞金欲しさに自分から警察にやって来るんです。

ところが、その取調べで誘導されていって、実は自分がその殺人事件をやったっていうふうに持っていかれてしまうんです。その経緯が全て録音・録画されていました。けれども、裁判では任意性も信用性も認められて陪審によって有罪になってしまうんです。

EF方式を取っているニュージーランドでも、これは一般的に供述弱者と言われるんですが、知的能力が劣っていたり、あるいは精神障害を持っている人、また、通常人でも、例えば、取調べ時に飲酒の影響とか睡眠不足で非常に精神的に平常ではないような状態で取調べを行われると、同じような結果になってしまうのではないかと懸念されています。

何が言いたいかというと、映像があるからといってその供述を信用するこ

とは絶対にできない。だから、冒頭申し上げたように、可視化（録音・録画）は全ての問題を解決するわけではありません。もちろん取調べの録音・録画は必要です。けれども、それで問題が全て解決するわけではないことを強調しておきたいと思います。私が可視化問題に取り組むきっかけを与えてくれた、ニューサウスウェールズ大学法学部のディビッド・ディクソン教授が、取調べビデオテープを収集し、これを分析して総括した際に記した「取調べの録音・録画は万能薬（panacea）ではない」というメッセージを真剣に受け止めておくべきでしょう（David Dixon assisted by Gail Travis, Interrogating Images: Audio-visually recorded police questioning of suspects, (2007, The Federation Press)）。

牧野：ありがとうございます。

〔質問〕

映像の実質証拠化阻止の実践

牧野：次は質問が新藤さんで、裁判員経験者です。映像は証拠に使われる時代の流れと思っていました。自分の裁判に使われたら、実質証拠とすることになんの疑いもなかったと思います。今も、どこかで同じような裁判が行われてるかもしれません。警鐘を鳴らすためにも、今回のシンポジウムを受けて、明日、何か行動に移してみたいと思われたことはありますか。これは、全パネリストに質問なんですが。明日、何かやれそうな人いますか。

さっきの弁護人になった場合に申入書を入れて、そこにもそれを入れておくとか、そういうことはできるし、僕は日弁連の撮影方向変更の提言書案実現へと動きます。誰か、すぐにこういう行動を起こしたいという方、いるでしょうか。さっき、明日からでもって言ったんですね。ということで、いい質問ありがとうございました。

12 おわりに

牧野：そろそろ時間が近付いてきたので、ここでパネリストの方に、最後に一言ずつ、言い残したことがあればお願いします。

指宿：先ほど、実験映像見ていただきましたけども、昨年9月、京都弁護士会で同じシンポジウムをして、周防さんに来ていただいて、私がカメラマンになって、ライブで模擬取調べをいろんなアングルから見てもらいました。聴衆が見えるように教室の大きなスクリーンに映し出して。そうすると皆さん、すごくよく分かった、こんなに印象変わるんだ、っておっしゃった。そういう問題なんです。

やはり、見ないと分からないところがあるので、今後ともメディアの方々

には、ぜひ協力していただいて、3つのアングルの写真を載せていただきたいと思います。

青木：ちょっと異例かもしれませんけども、弊害もないと思うので、私が現在勤めてる大学の法科大学院で、つい先日使った演習問題を、今から読み上げます。あなたは検察官として危険運転致死被疑事件の捜査に従事していたという設定です。登場人物は2人おりまして、Aが男性のほう、配偶者のBが女性で、事故とか死亡の事実は明らかなのだけれども、どちらが運転していたのかだけが判然としない。自白も取れない。そういう設定です。

小問1が、以上の状況のもとで、あなたは重要参考人であるB、奥さんのほうを自宅から検察庁に呼び出し、任意で取調べることにした。ところが、取調べに先立ち、弁護士Xから、ここ、小池さんとか牧野さんのような方たちです。Xというのは。自分は、今回の事件についてBから相談を受けた弁護士だが、Bの事情聴取に際しては、その適正を担保するため、取調べの開始から終了までの全過程を録音・録画してほしい、との申し入れがあった。事件担当の検察官としてXの申し入れに対し、あなたはどう対応するか、理由を付して答えなさい、というものです。

設問2です。次にあなたは、勾留中の被疑者Aを取調べた。あなたは、法の要請に基づき、この取調べを録音・録画することとし（改正法が前提です）、その旨、Aに一言断って取調べを開始しようとした。先ほど、映像にもありました。ところが、Aは、「この取調べが録音・録画されるなんて嫌だな。検事さんを信用しないわけではないが、あとでどう使われるか、どんなかたちで情報が漏れるか分からないですもんね」と言って、これに応じようとしなかった。

あなたは、録音・録画した内容は裁判になった場合の立証に用いられるのみであり、それ以外の用途は考えられないこと、録音・録画は訴訟法の要請であること、検察官をはじめとする法曹は守秘義務をはじめとする職務上の厳しい義務を持っており、録音・録画した内容が外部にもれることは考えられないことなどを、丁寧に説明した。しかしAは、「検事さんの説明は理解できます。しかし、なんか気分的に嫌なんですよね。できれば、録音・録画がないほうがありがたいです」と述べるのみであった。あなたはAの取調べの録音・録画を実施するか、あるいは見合わせるか、理由を付して述べなさい、というものです。

設問3は、任意性、信用性の立証に使えるかという問題なんですけど、その元になる設例は、ある日の午前中、あなたは、勾留中の被疑者Aの取調

べを開始した。あなたは取調べに先立ち、録音・録画が法の要請であることを説明したところ、Aはそのことを理解した上で、素直に取調べに応じた。しかし、あいまいな供述に終始した、と。

中途は省略しますけども、粘り強く説得したところ、あなたが写真で見た被害者のご遺体は無残なものだった。被害者やご遺族が納得するような説明をしてくれ、と説得した際には、うつむき、体を小刻みに震わせながら「もう無理だ。もう無理だ」と何度かつぶやいた。お察しのとおり、ここは、今市事件からパクりました。

また、「やっていないものをやったと言う必要はない。ただし、やっているものをやっていないことにするのは、人の道に反し卑怯じゃないか」、取調官は、よくこういうことを言うんですが、このように説得した際には、椅子から立ち上がり、顔を紅潮させて室内をぐるぐる歩き回るなど、明らかに興奮ないし動揺した様子が見受けられた。このような設例で、任意性立証に使えるかというのが設問3。

最後の設問4は、仮に先ほど述べていたような事実関係のうち、自白調書に署名押印した事実だけが存在しなかったものとする、と。あなたは、Aが真犯人であることを理解してもらうには、裁判官や裁判員に、このDVDを見てもらうのがもっとも直接簡明であると判断し、立証趣旨は、本件事故に係る自動車の運転者がAであったこととし、法322条1項に基づき、本件DVDを証拠調べ請求した。（すなわち、実質証拠として請求した）というものです。

大変失礼いたしました。今日の議論を聞いていて、自信が湧いてきました。いい問題ですよね。今日、議論したことが、全て網羅的に入っていて。授業は木曜日です。頑張ります。私が明日できることは多くありません。明日は、正直言って、休養に充てるつもりです。が、大学教員の仕事は、教育ということですので、こういう問題を作って学生に書いてもらって、みんなで議論したことが何年先に役立つのか役立たないのか全然分からないという、先の見えない気の長い仕事を、これからもこつこつ続けていくつもりです。以上です。

周防：一つだけ言い忘れたことがありまして、それは、取調べの録画映像を見るときに、この人が真犯人かもしれないと思って見れば、真犯人の証拠をなんとか探そうとするだろうと言ったんですが、もう一つ怖いのは、実は、その同じ録音・録画された取調べのビデオを弁護団が見たときに、弁護団が無実を確信していると、その映像の中に無実を証明できる証拠があるんじゃないか、という見方をする。その結果、

弁護団が無罪を証明できる決定的な供述態度だとか、様子、反応を発見したと思って上映に同意しても、有罪心証で見ている人たちにとっては、弁護団にとって無罪の証拠であると感じられたものが、逆に、それこそが有罪の証拠だと裁判官や裁判員に思われてしまう可能性もある。それが、見たいものしか見ないということです。

だから、実質証拠化なんていう流れができてしまうと、弁護団も目を皿のようにして自分たちが証明しようとしていることの証拠をこのビデオの中に探さざるをえなくなる。そして決定的だと思える瞬間を探し出したとしても、すでに無罪心証のバイアスがかかっているので、その映像が果たして裁判官や裁判員にも同じ心証を与えるかどうかは分からない。やはり、取調べビデオを実質証拠化することは非常に危険だと思います。撮影方向のインプレッション効果で、正面から撮った映像が、任意性を担保する映像になってしまうんだという危険性の他にも、それぞれの立場で見たときに、映像っていうものは、いろんな解釈を生んでしまうっていう危険性がある。

でも、その危険性は、映画監督の僕にとっては映画の面白さでもある。だから、映画監督として思う映像表現の素晴らしさが、逆に司法の世界では映像の危険性につながるので、映像表現の持つ特殊性について詳しくお話ししなければならないと改めて感じました。自分がペテン師であることは、自覚してるつもりだったんですけど、今日は、映像は客観的事実だけど、必ずしも真実を伝えるものではないと言いまくったので、自分が本当に詐欺師だと思えてきました。とりあえず僕が明日することは、今市事件の公判があるので、それを傍聴することです。

僕は、法制審議会で、取調べの録音・録画の法制化に加担した身なので、これがどういうふうに実務の場で運用されていくのかしっかり全部見ていこうと思っていました。ですから、指宿さんと同じように、今市事件の一審の判決を知ったときには、ほんとに怒り狂う感じでしたが、きちんとした運用がなされていくように、これからも意見を言っていきたいと思っています。今日は、どうもありがとうございました。

平山：私が今市事件の公判を傍聴して感じたのは、私自身が、おそらく、取調べの可視化について、ある意味、過信してた、というか全能論のようなものを抱いてきたのだ、ということに気が付かされたことです。取調べの全過程可視化が実現すれば、取調べに関する多くの問題は解決されるものとして学生時代は考えていましたし、それから研究者になっても、ある程度そういう意識があったのかもしれません、

しかし、結局のところ、全過程を可視化しても、今日の議論にも出てきましたが、弁護人立会権も実現しないといけないし、それから代用監獄の問題とか、またそもそもわが国の被疑者の身体拘束期間は異常に長すぎると思うんですけど、それらの問題に総合的に取り組んでいかないと問題は解決しないのではないか、ということを傍聴しながらずっと感じていました。

公判で再生される取調べ映像を傍聴席から見ながら考えていたことは、最近よくストレス度チェックってありますけど、"この取調べされている被疑者のストレス度はこれぐらいで、血圧はこう、脈拍はこれぐらいです"とか画面に表示されて、映像を見てる人が、この人、すごいプレッシャーにさらされているってことが見る人に分かればいいのに、なんてことも感じながらも傍聴していました。

私がとりあえず明日すべきことは何か、さっき新藤さんからの質問にありましたね。私も、明日、月曜日は授業がないので、今市事件の控訴審を続けて傍聴しようと思っています。それから、これは青木さんと共通するところがあるかもしれませんが、私も法学部で教えてるんです。私の刑事訴訟法の授業を受けている学生とか、また私のゼミには、警察官志望の学生が多いのです。将来警察官志望なんですけど、面白いことに、卒論ではなぜか取調べの可視化絶対必要論みたいなのをテーマに選ぶ学生が多いんですよ。

この人たちが警察学校に入って警察官として働き始めて2〜3年後に私に会いに来たら、そのころには意見が変わっているかもな、と思いつつ、でも例えば授業とかゼミで議論したことが、彼らの頭の片隅に少しでも残っていれば、少しずつではありますが変わっていくことにつながるのかな、と。そういうことも考えながら、研究者として教育者として、これらの問題にこれからも関わっていこうと思います。今日はありがとうございました。

小池：最初に、ちょっと誤解のないように。先ほどの私の発言で、今市事件に関して、20年たったら出られるということで身振り手振りでしゃべったことは「任意性」があると言いました。これは、その局面だけで見る限りは、任意にしゃべっているという意味ですが、法律的には、これはもちろん、トータルで考えたときには任意性がないということですので、そこは誤解のないようにしておきたいと思います。

それから、今日のテーマとは異なるんですが、都合のいいところだけビデオ録画するという問題は、供述調書でも同じなんです。捜査側にとって都合の悪いところは調書を取らない。都合のいいところだけ調書を取っているわ

けです、明確に。やはり、その問題を指摘する必要がある。本来は、逐語的な問答体で調書を作成すべきです。韓国などは問答式でやっていますし、日本も戦前は予審判事の尋問調書は問答体でした。警察、検察の調書は、そもそも証拠能力なしとされ、「聴き取り書」と言われていたのですが、段々、解釈で証拠能力があるとされ、治安維持法が改正されて、治安維持法事件については証拠能力があると明文化され、戦後の刑事訴訟法に引き継がれて、警察、検察の供述調書が明文上も証拠能力を持つようになったという経緯があります。そこまで遡って供述調書の問題を再検討する必要があると思います。

先ほどご紹介しました2015年2月12日最高検依命通知には、調書の問題にも触れられていまして、供述調書作成の要否、作成する必要があるか否か、およびその範囲まで、具体的必要性が認められる場合において作成することとされています。つまり、具体的必要性がなければ調書にしなくていいよ、ということを明文で言っているわけです。このようないいとこ取りを奨励するようなことを、未だに検察はやっている。

イタリアとかオーストラリアでは、取調べの全過程が可視化されていなければ、一本の供述調書も証拠採用されない。そういう国があるんです。そこまでいくのが理想かもしれませんけれども、せめて、供述調書は逐語訳すべきと思います。尋問に対して、黙して語らなければ、「黙して語らず」と書く。ビデオ録画に替えて供述調書を逐語訳にしたもののみを証拠化するというのは一考に値する考え方だと思います。ビデオ録画の問題の弊害を改善するためには、供述調書を逐語的に問答体にしていくということも取り組んでいく必要があると思います。

大城聡弁護士：ありがとうございます。まだまだ、会場の皆さんから質問したいこともあるかと思うんですが、もう終了の予定時刻をちょっとだけ過ぎてしまいましたので、ここで終わりにしたい、と。改めて、パネリストの先生方に大きな拍手をお願いいたします。

（2017年12月10日収録）

> 緊急寄稿

今市事件判決を受けて
――部分可視化法案の問題点――

弁護士（第二東京弁護士会） 　**小池　振一郎**

Ⅰ　部分可視化の力と危うさ
Ⅱ　部分可視化法案
Ⅲ　公判中心主義に反する取調べ録画の証拠化

Ⅰ　部分可視化の力と危うさ

1　今市事件の取調べの録画

　今市事件は、2014年1月別件（商標法違反）逮捕から始まる。商標法違反で起訴された2014年2月18日午前の検事取調べで殺害を初めて自白したと報道されているが、この取調べは録画されていない。検事の取調べの録画は同日夕方から開始されたという。

　2014年2月18日検事取調べで最初に自白したとされる時から殺人容疑で再逮捕した6月3日までの3ヶ月半もの間、警察の取調べを受けたが、この間の記録はないという。

　3月19日、「殺していないと言ったら平手打ちをされ、ひたいを壁にぶつけてけがをした」とビンタの暴力を受け、「殺してゴメンなさいと50回言わされた」ところや、「自白すれば刑が軽くなる、と言われた」と訴える場面の警察の取調べは録画されていない。

　ビデオ装置のない取調室で警察に徹底的に痛めつけられ、弁護人と会いたいと言っても会わせられず、屈服させられた後、ビデオ装置のある取調室で、検察から取調べられ、「犯行内容」の一部を認めた恐れがある。

再逮捕から警察取調べの録画が開始され、6月19日から殺人を含めて全面自供している場面は録画されている。ここでは、録画する場面としない場面を使い分け、屈服し人格支配されるとビデオ装置のある取調室に移され、言われた通りの供述をする場面を録画されたのだろう。

　最初の別件逮捕から本件殺人での起訴までの147日間のうち、取調べの録画が約80時間あるという。長期間の取調べのかなりの部分が録画されていない。

　今市事件は、裁判員裁判の法廷で、取調べの録画が、被告人の自白調書の任意性判断のための証拠と、信用性判断のための補助証拠として、弁護人も同意して採用され、7時間以上にわたって再生された。

　2016年4月8日宇都宮地裁判決は、自白調書の任意性、信用性を認め、被告人に無期懲役刑を言渡した。

　判決文は、「客観的事実のみからは被告人の犯人性を認定することはできない」と明確に判示している。それでも有罪としたのは、客観的証拠が軽視され、自白偏重判決であるといえよう。

2　別件逮捕・起訴と部分録画

　別件逮捕・起訴し、自白を強要する場面は録音録画せず、自白に至った後で、「犯行内容」を語らせる場面を録音録画し、有罪の心証を取るというのが、従来からの典型的なえん罪のパターンである。戦後、数あるえん罪事件で、自白の録音テープはかなりとられていた。

　ビデオが視聴覚に訴える力は大きい。捜査側に都合のいいところだけ一部録画されているとわかっていても、心証形成に影響されてしまう。

　今市事件で裁判員たちは、取調べの録画を見て、有罪の心証をとった。「録音録画がなければ判断できなかった」との判決後の記者会見は、部分録画の力を示しているといえよう。

　しかし、最初に自白に至ったところは録画されていない。どのようにして自白に至ったかの肝腎の場面の録画はない。これでは真相がより歪曲される恐れがある。

　「最初の自白がどのような形で行われたかは、その後の認否の変遷を検証

する上で重要な要素といえる。その意味で、今回の映像による立証が十分だったとは言い切れない」(本年4月10日付北海道新聞社説)。

やはり、一部可視化ではダメで、取調べの開始から終了までの全過程を可視化しなければ意味がない。

メディアは、「専門家の間にも『可視化によって自白に至る過程が明らかにならないと、正しい判断はできない』との声が上がった」「本来、取り調べのすべてを記録して、必要な場面をいつでも引き出せるようにしておくべきだ…そうでなければ、記録のない『密室』で、暴力や誘導があったとの疑念が完全に消えたとは言い難い」、「判決を機に、録音・録画の全面化や運用の在り方を再検討すべきである」(本年4月10日付南日本新聞社説)と訴えている。

II　部分可視化法案

1　可視化担保措置の無力

法案は、殺人事件などで被告人の自白調書が証拠申請されたとき、その任意性が争われれば、その取調べの録音録画を証拠申請しなければならないとする。その録音録画がなければ、その自白調書の取調べ請求を却下しなければならない。可視化を担保するための措置といわれている。

法案の建前は、全過程可視化を原則とするが、自白に至るまでの録音録画がなくてもペナルティーがないのだ。取調べを請求する供述調書が作成された時の録音録画の取調べを請求すればいいだけだから、「全過程可視化」と言っても、実効性がない。

今市事件では、屈服させる過程は録画されなくても、「犯行内容」を語る場面は録画し、その部分の自白調書を証拠申請し、その取調べの録画を証拠申請した。

法案が成立しても、今市事件と同じやり方ができる。これは法案の致命的な欠陥である。全過程可視化されていなければ、いかなる供述調書も証拠採用しないとすべきだ。

2 例外規定

　法案は、「全過程可視化」といいつつ、例外として、可視化すれば十分な供述（自白）が得られそうにないと取調官が判断したときは録音録画しなくていいとする。あいまいかつ抽象的で、取調官の裁量を許すものだ。

　今市事件のように物的証拠が薄く、自白に頼るしかない事件で、録画しないで自白を強要し、唯一取れた自白調書があるとすれば、検察側としてはどうしても唯一の自白調書を証拠採用させたい。その調書の任意性が争われ、録画を証拠申請しなければならないが、録画はない。そこで検察は、可視化すれば十分な供述（自白）が得られそうにない法案の例外規定に当たるので、録画しなかったと主張するであろう。

　裁判所は、今市事件のように世間が注目する事件で、果たして、録音録画がないという理由で、その自白調書の証拠採用を却下する勇気をもつだろうか。

　むしろ、証拠が薄い（もしくは、ない）からこそ、わずかの自白調書に裁判所が飛びつき、有罪にするために採用したのが、数あるえん罪事件の歴史ではなかったか。袴田事件では、数十通の供述調書を排斥しながら、1通のみ証拠採用し、有罪判決を出した。

　こうして法案の例外規定が、部分可視化を容認する方向に機能するであろう。法案は、部分可視化を合法化・固定化し、不当な取調べを隠蔽する役割を果たすものといわざるを得ない。

Ⅲ　公判中心主義に反する取調べ録画の証拠化

1　取調べ録画の証拠化の危うさ

　今市事件では、検察は自白を立証の柱と位置づけ、取調べ録画を法廷で再生した。映像は視聴者に強烈なインパクトを与える。殺害状況などを身ぶりを交えて語る様子は、裁判員らの判断に大きな影響を与えた。判決後の記者会見で、裁判員は、この録画で心証を取ったと明言した。

　平手打ちをされ、額を壁にぶつけてけがをした場面や、「自白すれば刑が軽くなる」と言われたと場面は録画されておらず、「このまま取調べが続く

なら死にたいと思った」という自白に至る心境が裁判員たちにどこまで理解されたか。

　取調べには弁護人が立会っていない。捜査官の一方的なペースで進められる。法廷ではなく、弁護人のいない密室の取調べの部分録画で裁判の心証が事実上とられる。ここに危うさがある。

　今市事件のように、屈服させた後で、「犯行内容」や心境を語らせる場面を録画し、その部分録画が証拠として採用され、裁判の心証がそこでとられるのであれば、公判中心主義の裁判とはいえず、取調べ依存の裁判に逆戻りするといわざるを得ない。

2　取調べ録画の証拠としての使われ方

　従って、もともと、取調べの録音録画が公訴事実を直接証明するための実質証拠として採用されることには疑問があった。そのため、通常、証拠申請する自白調書の任意性立証のための証拠とされてきた。そこで任意性ありとされた供述調書が実質証拠としてその信用性が判断される建前であった。

　しかし、法概念上は、任意性と信用性が区別されていても、実際は、録画で心証を取り、供述調書の任意性だけでなく、信用性もあると判断されることになるのではないか。裁判官も裁判員も、実際問題として、任意性と信用性を区別して判断するのは事実上不可能であろう。

　今市事件の判決後の記者会見で、裁判員が、「録画を見なければ違う結論になったかもしれない」、「録音録画がなければ判断できなかった」と述べた。まさに、取調べの録画で心証をとり、信用性の判断までし、録画が判断材料の柱になったことが示されている。

　それ故、取調べの録音録画がこれまで法廷に証拠として提出されることはあまりなかった。

　ところが、ここ十年来、取調べの可視化が捜査側にとっても供述調書の任意性立証に便利であるから可視化しようという運動の流れの中で、取調べの録画があまり抵抗感なく法廷に出される例が現出している。これまで数十例あるといわれる。大半が、一応、実質証拠としてではなく、任意性立証のための証拠とされているようであるが、最近は、実質証拠として採用されてい

る例もあるようだ。

2015年2月12日最高検依命通知は、録音録画を有罪立証の実質証拠として検討するよう全国に指示した。今市事件は当初、検察が録音録画を実質証拠として証拠申請した。検察は、今後は、弁護側が任意性を争わなくても、実質証拠として請求するであろう。

3　取調べ録画の証拠化を促進する法案

法案が成立するとどうなるか。法文上、裁判員裁判対象事件の自白調書を証拠申請する以上、原則として（例外事由とされない限り）、その調書の任意性が争われれば、その時の録音録画の取調べを請求しなければならないとされるから、録音録画が証拠申請されることになる。

そうすると、自白調書の任意性判断という名の下に、ビデオ録画が次々と証拠採用される。それは実際には、事実上、実質的証拠として機能するであろう。今市事件のようなやり方が法案により堂々とできるのだ。

部分可視化と実質的証拠化がセットになれば、極めて危険であり、韓国では認められていない。本来、取調べの録画と弁護人の立会権がセットで実現されるべきなのに、日本では実現していない。

法案は、従来のえん罪パターンを追認し、部分可視化を合法化・固定化し、不当な取調べを隠蔽するだけでなく、もともと証拠として法廷に提出されることに疑問があった取調べの録画を、次々と、堂々と、法案で義務付けられている証拠として法廷に出す。それが自白調書の任意性立証のためだけでなく、信用性立証のためにも使われ、実質的証拠化する。

それは公判中心主義の破壊であり、取調べ依存への逆戻りである。「一歩前進」どころか、改悪であるといわざるを得ない。

多くのえん罪被害者やその支援者たち（島田事件、東電OL事件、志布志事件、氷見事件、足利事件、布川事件、袴田事件、痴漢事件等）がこぞって法案に必死で反対しているのは、そのことを肌で感じているからである。

（こいけ・しんいちろう）

出典：『法と民主主義』507号（2016年4月号、日本民主法律家協会）

取調べの録音・録画
―― 今市事件を契機として ――

弁護士（第二東京弁護士会）　牧　野　　茂

Ⅰ　今市事件に注目して検討を開始した経過
Ⅱ　今市事件の提起した録音・録画を中心とした問題点の概要
Ⅲ　録音・録画を実質証拠として供述態度から犯人であることの心証を得たことの問題性
Ⅳ　映像のインプレッション効果からの判断の偏り傾向の問題点
Ⅴ　一部録音・録画の再生に過ぎないため自白にいたるまでの捜査機関での取調べに任意性があったかが疑問である点の問題性
Ⅵ　録音・録画以外の付随問題点
Ⅶ　今後の課題

Ⅰ　今市事件に注目して検討を開始した経過

　平成28年4月8日、いわゆる今市事件の裁判員裁判において、宇都宮地裁は被告人Xに対して有罪判決を言い渡した[1]。今市事件は幼児殺害についてそれだけで有罪とする決め手となる物的証拠や状況証拠がなく公判では全面否認していたため、捜査段階の自白が任意性・信用性があるかが犯人性の決め手となる事件として注目されていた。また自白にいたる過程や自白開始後の一部が録音・録画されていて自白の任意性、信用性立証のため法廷で7時間余りも再生されたことも話題になった。刑訴法改正案で取調べの適正化のための可視化法案も審議中で改正法の意義や課題の先取り的事案としても関

（1）　宇都宮地裁平成28・4・8判決。要旨は4月9日読売新聞朝刊等全国紙掲載、判決全文はLLI/DB判例秘書L07150246及び、westlaw.japan2016wljpca04086007に掲載。

心を集めていた。

　筆者が本格的にこの事件の審理・判決は重大な疑問があり、取調べの録音・録画再生（特に一部録音・録画の場合）は一歩間違えると危険だと危惧したのは判決直後の新聞報道で判決要旨と記者会見での裁判員の感想を読んでからである。

　判決要旨によると自白以外の物的証拠や状況証拠だけからは有罪とすることは出来ないことは判決も認めている。そして捜査段階の自白の任意性・信用性が犯人か否かの分かれ目になるとして判断したとされるが、録音・録画の再生において、自白に際してのためらう様子や供述態度、自白を開始してからの供述態度から犯人でなければあり得ないこととしてそれを被告人を犯人と認定した重要な判断材料であることが読み取れる。他の客観事実との矛盾がないかにも触れているが、多数の矛盾点の可能性が指摘されている事実があるのに「根幹部分では矛盾しない」と判示している。これは自白が多数の客観的事実と不整合である可能性もあるが大筋一致しているから自白を否定まではしないという自白偏重で結論先取りの判決と思われても仕方無いのではないだろうか。

　なによりも取調べの透明性、真意に基づかない自白防止、冤罪防止が期待されて導入された録音・録画なのに、捜査官の誘導や威圧からではなく任意性があるか、客観的事実とも整合するかも含めて信用でき信用性があるかに十分活用されなかった点が問題である。それどころか、判決は録音・録画の供述態度や表情から犯人であることの直接の心証を取っていることが重大な問題であると衝撃を受けた。

　判決後の記者会見でも新聞報道（4月9日読売新聞他全国紙朝刊）によると「最後までどちらになるか解らなかった」「録音・録画で判断できた」「公判の供述と録音・録画とどちらが正しいか比べた」と公判での否認供述と対等に捜査段階の取調べ自白録画・録音を検討して結局録音・録画のなまなましい映像で判断がついたという感想のようであった。

　ただ一部の裁判員からは「録音・録画していない取調べ部分も見たかった。どうせなら全部のシーンを録音・録画しておくべきだ」との指摘があったことも忘れてはならない点だろう。日本経済新聞（4月9日34面）では「裁

Ⅰ　今市事件に注目して検討を開始した経過

判員信用性判断難しく」の欄で「映像を柱とした検察側の立証が功を奏した」とする一方で刑事裁判に詳しい専門家から「強要されていないか、虚偽の内容が含まれていないかを判断するのは裁判員にはハードルが高い」との指摘があることも紹介している。また毎日新聞（4月9日27面）でも「危うい立証課題残す」として決定的な客観証拠がない事件で録音・録画の状況説明する被告人の姿が自白の任意性・信用性を補完することになり弁護側に厚い壁となることの課題を指摘している。産経新聞では公判中心主義・口頭主義の視点から問題点を指摘した。（4月9日朝刊30面）また中国新聞4月9日6面でも「可視化に一石投じた」とのコラムで「録音・録画は違法な取り調べを防ぎ、裁判で供述の任意性を立証するため、検察や警察が実施するのが趣旨だ。検察や警察の裁量で録画や公開するかどうかを判断したとすれば由々しき問題として、自白以外の証拠がないに等しい難しい裁判で、自白を信じるかどうかを市民の裁判員に問うのが妥当だろうか」と問いかけている。

　本来録音・録画しておくのは検察官の取調べ調書での自白が公判での否認供述に対比して証拠請求されるときに調書を採用する任意性の判断材料として再生されることが目的だったはずである。

　だから録音・録画で任意性ありとされれば証拠として採用されるのは任意性ありとされたその検察官の取調調書のはずである。

　そして調書には供述態度や表情の情報は含まれていない。その調書と公判の否認供述の対比になるはずである。

　筆者が違和感を感じたのは、まさにこの点であった。録音・録画の再生画面の供述態度や表情を犯人性の証拠に使うのは録音・録画導入の趣旨に反するはずだ。

　冤罪防止、取調べの適正化のためのはずなのに、逆に被告人に不利に犯人である心証を録音・録画再生から得るのは制度的におかしいとの思いであった。この疑問点が今市事件を検討して録音・録画問題の課題を刑訴法改正問題とともに集中的に検討することになった出発点である。幸い裁判員経験者ネットワークの主要メンバーを中心に裁判員制度の課題を司法記者や研究者と定期的に検討する市民会議を開催してきていたのでこの問題を集中テーマ

にして平成28年に4月、6月、8月と特別市民会議を持った。そこでは論文も引用させていただくことになった法廷を傍聴した白鷗大学の平山真理教授、国会に参考人として刑訴法改正につき発言し論文も引用させていただいた小池振一郎弁護士や取材担当した多数の司法記者やこの事件の危険性に関心の高い裁判員経験者も参加いただき内容のある議論ができた。

　本稿は基本資料としては法廷の毎日の詳細な傍聴記事を掲載した産経web記事により、更に参加メンバーの適宜の論文や内部議論で啓発を受けた点を参考にしているがあくまでも筆者の個人的意見の原稿である点を最初に明らかにしておきたい。

II　今市事件の提起した録音・録画を中心とした問題点の概要

　今市事件には大きく録音・録画に関して3点の問題点がある。

　第1点は取調べの録音・録画は本来、取調調書の任意性判断確保の為に導入されたはずなのに録音・録画を取調調書の任意性判断だけでなく補助証拠といいながら、犯人性判断の実質証拠としたことの問題性である。

　第2点は現在の被疑者の正面からの撮影映像を中心とする撮影方法から心理的に真実を話しているとの偏った印象を与えてしまうインプレッション効果の強い弊害である。

　第3点は一部録音・録画の弊害の問題性である。

　これでは任意性判断の資料としてすら極めて不十分である。

　一度目の2月18日にA検事のもとでの別件逮捕された商標法違反で起訴勾留直前に殺害を自白したとされる場面は録音・録画されていないので弁護人の主張のように強制されて自白させられたか任意の自白かも映像で検証できていない。6月3日に殺人で逮捕された後の取調べは録音・録画されていたとされ、肝心の2度目と検察が主張する自白が録音・録画された6月11日からは録画映像も再生されているが、殺人で逮捕前の6月3日までの警察での取調べや警察に出向いて取り調べたとされる検事の取調べ状況は録音・録画されていない。この段階での警察や検事の取調べが6月11日のB検事のもとで開始された自白にいたるための強制や利益誘導がありそのことが6月11

Ⅲ　録音・録画を実質証拠として供述態度から犯人であることの心証を得たことの問題性

日の自白に繋がったとの弁護側からの任意性への疑念はこの期間の取調べの録音・録画がないため残ったままである。そしていきなり6月11日に開始された録音・録画された自白の任意性を判断させられる事態になっている。もっとも2月25日、27日のA検事が自白を獲得しようとした詰問調の取調べ場面は録画再生され「もう無理」と叫んで窓から飛び降りようとした場面は再生されたが、判決では取調べに任意性があるとしている。

　6月11日までの取調べの録音・録画が必要であったと痛感されるところである。

　なお録音・録画以外の付随論点としては物証や状況証拠からは犯人性の立証は不十分とされ捜査段階でなされたとする自白を偏重しすぎた問題点がある。すなわち自白内容は客観的証拠と多数不整合があるのに「根幹部分において一致する」として不整合の多数の事実による自白の信用性の吟味を怠った事実認定手法の問題性である。また自白内容の変遷に取調官の誘導があったことの過小評価も問題であろう。

　以下順次論じる。

Ⅲ　録音・録画を実質証拠として供述態度から犯人であることの心証を得たことの問題性

　本来の取調べ録音・録画導入の目的は、取調べ過程の透明化により冤罪や誤判を防止するため取調べ調書の採用を判断する任意性判断にあった。

　本件ではこの目的を超えて録音・録画再生の供述態度から犯人性の心証を取った実質証拠としての活用が問題である。正面から実質証拠として採用とはしていないが補助証拠として任意性と信用性の証拠としている。補助証拠というあやふやな言葉の意味も問題であるが、録音・録画の映像の表情や供述態度から犯人でなければあり得ないとの心証を得ていることは明らかであるから調書の採用のチェック機能を超えて実質証拠として心証形成に寄与していることは判決文からも裁判員の感想からも明らかであるから実際は補助証拠という形式を借りて実質証拠として機能しているのである。

　任意性・信用性が認められても調書が証拠になるだけが本来の立証趣旨で

あり、調書には供述態度や混乱は記載されていない。立証趣旨を超えて映像を実質証拠として活用したことが問題である。

　この点についてはまず青木孝之教授の取調べを録音・録画した記録媒体の実質的な証拠利用に関する論文[2]が問題点を簡潔に指摘しているのでここから出発したい。

　青木孝之教授は、特別部会での井上正仁教授と日弁連の小坂井久弁護士の議論をあげ理論的には任意性ありとして証拠として採用されるなら調書より機械的に正確に記録されている録音・録画を実質証拠としても良いはずであるとしたうえ、しかし実務での課題からすると、捜査の透明性のために導入された録音・録画なのに実質証拠に使用されると皮肉なことに公判中心主義でなく、録音・録画された捜査取調べ中心主義になってしまう懸念があるとした[3]。

　そして、東京地裁平成24年12月20日判決（月刊大阪弁護士会2014年2月61頁参照）では裁判所は被告人質問終了後、検察官に対して、実質証拠としての立証趣旨を加えることも検討して欲しい旨の勧告をして結局実質証拠として採用された事例を紹介した上、有力な証拠の乏しい特殊事例におけるぎりぎりの判断であり、裁判所がDVDの実質証拠利用を一般的に許容しているとは思えないとしている[4]。

　さらに実質証拠説への危惧として、以下のように述べている。

　「特捜検事の経験もある郷原信郎教授は、『足利・村木事件の教訓と刑事訴訟法学の課題』と題する座談会（法律時報83巻9・10号35頁以下）において、『私はいちばん心配なのは、録音・録画が実質証拠に使えることと全面可視化が一緒になると、検察官の調べが裁判になってしまって、それですべてが終わりになってしまうのではないか、ということです』、『もし全面可視化でなくて、一部可視化プラス実質証拠ということであれば、検察に都合のいいところの取調べだけが証拠になってしまう可能性があり、これはものすごく

（2）　青木孝之「取調べを録音・録画した記録媒体の実質証拠利用」慶應法学31号（2015年）61頁以下。
（3）　青木・前掲注(2)63〜64頁、84頁以下。
（4）　青木・前掲注(2)83頁。

Ⅲ 録音・録画を実質証拠として供述態度から犯人であることの心証を得たことの問題性

危険だと思います。やはりそれは弁護人の取調べへの立会権とセットでなくてはいけないと思います。……立会のことを一切考えないで、一部可視化と実質証拠化をセットにしてしまったら、最悪の結果になるのではないかと思います』と発言している（同号49～50頁）」[5]。また韓国では実質証拠の利用は禁止され弁護人の立会権もあるとのことである。

また国会での刑訴法改正に参考人で発言していて今回の検討会議にも参加された小池振一郎弁護士の法と民主主義2016年4月の論文でも最高検依命通知で録音・録画を実質証拠として活用することとされている点や一部録音・録画と実質証拠のセットの危険性も問題視している[6]。

今市事件でも弁護側は任意性立証だけの再生を求めたが検察は実質証拠でも申請し最後は時間がないからと裁判所の折衷案で補助証拠として任意性・信用性の証拠としても認めるという結果となり、再生部分は検察・弁護で合意して決めたとのことである。弁護側は窓に向かって無理と叫んだ場面等で任意性・信用性に疑いあるとの印象を期待したようだが裁判所はそこはそこまでは評価してくれなかったことになる。

ところで捜査段階の録音・録画媒体の信用性の評価特に供述態度について公判廷での供述とは違い、格段に慎重にしか扱うべきでないとした注目すべき東京高裁判決が言い渡された（東京高裁平成28年8月10日第5刑事部判決・判例タイムズ1429号132頁、判例秘書LLI/DBL07120379）。

公判中心主義の立場から捜査段階の録音・録画での供述態度等は公判廷における供述態度と同等に扱ってはいけないと判示している。今市事件への高裁からの警鐘とも取れる判示であり裁判所のあるべき姿を示すものとして実質証拠への歯止めの理論的支えになると思われる。事案は強盗殺人等被告事件の共犯事件で窃盗後に車両を運転して被害者を死亡させた事案で1審は運転者は被告人であるとは断定できないとして窃盗にとどめた。検察側が控訴して法令違反と事実誤認を控訴趣意としていた。被告人は捜査段階で車の運

（5）　青木・前掲注(2)85頁。
（6）　小池振一郎「〈緊急寄稿〉今市事件判決を受けて～部分可視化法案の問題点」法と民主主義507号（2016年）4頁以下。

転を自白していて録音・録画されていたが公判では共犯から虚偽自白を指示されたとして否認した。被告人質問では捜査段階の自白も供述した。検察は実質証拠として捜査段階の自白の録音・録画を申請したが却下された。この点を法令違反と主張した点を排斥した判断が重要なので以下紹介する。事案は他の証拠関係から事実誤認は認め車両は被告人が運転していたとして破棄差戻しとなった。

　以下は判決文の重要部分の一部を下記に引用する。
① 　判決はまず公判廷の供述であっても供述態度の評価は主観的・直感的になるから客観的検証の観点から注意を要するとしたうえ
② 　更に公判廷に比べて捜査段階の取調べにおける供述態度は判断を誤らせ危険性が高いとして下記の通り判示している。

「しかも本件で問題となるのは捜査機関の管理下で行われた取調べにおける被告人の供述であるから、供述態度による信用性の判断は更に困難と考えられる。すなわち、公判廷における被告人質問は、法廷という公開の場で、裁判体の面前において、弁護人も同席するなかで、交互尋問という手順を踏んで行われるもので、裁判体は被告人の供述態度を単に受け身で見るものではなく、必要に応じ、随時、自ら問いを発して答えを得ることもできる。供述証拠について公判期日における供述によるのを原則とするのは、以上のような条件が公判廷における供述には備わっているからであると考えられるし、そのような環境で、裁判体の面前で行われる供述であるからこそ、供述内容に加え、供述態度が信用性の判断指標となっているものといえる。ところが、捜査機関の管理下において、弁護人の同席もない環境で行われる被疑者の取調べでは、以上のような条件は備わっていないのであり、その際の供述態度を受動的に見ることにより、直観的で主観的な判断に陥る危険性は、公判供述の場合より大きなものがあると思われる。

　さらに、身柄を拘束された被疑者が自己に不利益な供述をする場合、その動機としては様々なものが想定されるが、取調べ中の供述態度から識別することができる事情には限りがある。それにもかかわらず、取調べ中の供述態度を見ることが裁判体に強い印象を残すことも考えられ、その場合には、信用性の慎重な評価に不適切な影響を及ぼすことになる可能性も否定できない

Ⅲ　録音・録画を実質証拠として供述態度から犯人であることの心証を得たことの問題性

と思われる。

したがって，公判廷における被告人質問（あるいは証人尋問）の際に供述内容とともに供述態度を見て信用性を判断するからといって，前提が根本的に異なる捜査機関の管理下の取調べについて，その際の供述態度を見て信用性を判断することの必要性，相当性が当然に導かれるものではないし，前提が基本的に異なる公判供述と取調べにおける供述について，供述態度を比較してそれぞれの信用性を判断すべきとものともいえない。」

　③　また更に録音・録画媒体を検察官が実質証拠として用いようとしたこと自体を批判して次の通り判示した。

「刑訴法は，起訴前の勾留期間を10日間と定め，やむを得ない事由があると認める場合に，検察官の請求により，その期間を最大10日間延長することができるとしており，その間，被疑者に対する取調べが重ねられるのが我が国の捜査の特徴である。我が国では，そのような取調べの結果を要約した供述録取書が作成され，刑訴法322条1項の書面として活用されてきたもので，そのことによって，捜査段階における供述の要点を公判に顕出することを可能としてきたものといえる。ただし，近時の裁判実務では，捜査段階における供述内容も被告人質問で公判に顕出するのが標準的になってきている」として捜査段階の録音・録画よりも公判での被告人質問重視の視点を明示している。

　④　更に判決は改正刑訴法にも触れて録音・録画を実質証拠とすることを批判して次の通り判示した。

「さきに成立した刑事訴訟法等の一部を改正する法律……は，裁判員の参加する裁判の対象となる事件等について，捜査機関に被疑者の取調べ状況の録音録画媒体を作成することを義務付けているが，それは，前記のような被疑者の取調べの実務の中で，被疑者に対する強制や圧迫等が生じる弊害を防止するために導入されたものであることは，**公知の事実であり**，改正法の規定の構造からしても明らかである。すなわち，改正法では，刑訴法322条1項に基づき請求する書面の任意性に争いがあるときに，当該書面が作成された取調べの録音録画媒体の取調べを請求することが検察官に義務づけられている。

ところが所論のように，改正法で定められた録音録画媒体の利用方法を超えて，供述内容とともに供述態度を見て信用性の判断ができるというような理由から，取調べ状況の録音録画媒体を実質証拠として一般的に用いた場合には，取調べ中の供述態度を見て信用性評価を行うことの困難性や危険性の問題を別としても，我が国の被疑者の取調べ制度やその運用の実情を前提とする限り，公判審理手続が，捜査機関の管理下において行われた長時間にわたる被疑者の取調べを，記録媒体の再生により視聴し，その適否を審査する手続と化するという懸念があり，そのような，直接主義の原則から大きく逸脱し，捜査から独立した手続とは言い難い審理の仕組みを，適正な公判審理手続ということには疑問がある。また，取調べ中の被疑者の供述態度を見て信用性を判断するために，証拠調べ手続において，記録媒体の視聴に多大な時間と労力を費やすとすれば，客観的な証拠その他の本来重視されるべき証拠の取調べと対比して，審理の在り方が，量的，質的にバランスを失したものとなる可能性も否定できず，改正法の背景にある社会的な要請，すなわち取調べや供述調書に過度に依存した捜査・公判から脱却すべきであるとの要請にもそぐわないように思われる」。

　まさに今市事件での捜査段階の録音・録画された自白の供述態度を公判供述と対比して評価した判決手法を正面から批判する論理であり正論であり，青木教授が懸念した捜査中心主義への警鐘の判決である。青木論文での井上正仁氏と小坂井久氏との前述の議論で言えば，機械的に正確な記録であるが調書に比べて事実認定者の判断を誤らせる危険な「供述態度」という情報が付加していることが，適正な裁判での事実認定の要請から，取調べ段階の映像を実質証拠とすることは慎重であるべきことの理論的根拠と言えると思われる。

　この判決は単なる事例判決と評価されるべきでなく今市事件で浮き彫りにされた捜査段階の録音・録画の供述態度から犯人性の心証をとり実質証拠として活用されることへの理論的警鐘を公判中心主義の立場と改正刑訴法の基本的立法趣旨から立論した東京高裁からの貴重な理論提示判決ととらえるべきであると筆者は考える。

　なお，この判決の投げかけた問題点を受け止めて日経新聞平成28年11月28

Ⅳ　映像のインプレッション効果からの判断の偏り傾向の問題点

日朝刊は高裁判決の骨子を紹介し改正刑訴法のもとで実質証拠としての使用を否定的な見解と紹介し、最高検が依命通知で実質証拠としても使用を奨励していることと対比して問題点として取り上げている。

　更に時事通信平成28年11月27日朝刊は「容疑者の取り調べを録音・録画した映像の取り扱いに関して裁判員裁判を担当する全国の裁判官40人が集まり意見交換した結果、捜査段階の自白が信用できるかの判断に使うことについて、慎重な意見が相次いだことが26日分かった」と報じ、「最近では客観的証拠が乏しい事件で、検察側が自白調書の信用性を立証するために、証拠請求するケースが増えている。現場の裁判官に、こうした検察側の姿勢に対する強い懸念があることが明らかになった。関係者によると、今月中旬に最高裁の司法研修所で開催された裁判員裁判に関する研究会のなかで、取調べ映像について、議論がなされ、＜調書の信用性を判断するために、容疑者や取調官の表情や発言の様子を見ることがどれほど必要か、よく考える必要がある＞との指摘があったという。また別の裁判官からは＜公判中心主義をめざしているのに、取調べを再現する上映会になるのではないか＞と疑問視する声などが上がった。一方で＜調書に比べ、取調官の意図に左右される要素が少ない＞と有用だとする意見も出たという」

　これらの点から前記の東京高裁の判示はひとつの裁判体の判断にとどまらず裁判官の多数の懸念をいち早く判決の形で表明したと理解することができると思われる。

Ⅳ　映像のインプレッション効果からの判断の偏り傾向の問題点

　〜特に被疑者を正面から撮す映像が真実を話しているとの偏った印象を与える心理的影響の問題点〜

　心理的に判断者にとって供述している映像は真実性を帯びて見えてしまうインプレッションの危険性

1　この点を成城大学の指宿信教授は「取調べと可視化」に関する論文で詳述し[7]ていて、別な視点からの録音・録画再生の危険性の指摘として

重要である。以下概要部分を引用紹介する。

同論文93頁
取調べ撮影と心理学
「2006年、ラッシター（オハイオ大学教授）らは『ビデオ録画された自白：万能薬か、それともパンドラの箱？』と題する論文をLAW&PoLicy誌に発表した。これは同教授らが長年、心理学の分野で研究を進めてきたビデオ録画自白に関する実験結果をまとめたもので、映像を観る者の判断を誤らせる危険性を実証的に示したはじめての法律分野の論文である。
ラッシターらは、映像に関する「錯覚原因（illusory causation）」と呼ばれる影響が自白録画の場合にも現れ、取調べ録画に期待される有益さとはかけ離れた危険性を有していると指摘した。
錯覚原因とは、映像を観る者に無意識のうちに与えられる傾向（bias）を指す。
これをカメラ・パースペクティブ・バイアス（CPB）と呼ぶ。
それはとりわけ観察対象者（被疑者）だけをクローズアップした撮影方法（被疑者フォーカス（suspect-focus-SF方式）においてもっとも顕著に現れるという（筆者注：自由な意思で、真実を話している印象を与えてしまう効果））。
そしてこうした危険を完全に回避する手段は無く、危険性を減少させる方法として、取調官だけを撮影する方式（detective-focus-DF方式）か、取調官と被疑者の双方を撮影する方法（両者フォーカス（equal-focus-EF方式））が望ましいとの実験結果を示した。
（日本では被疑者の正面からを左上に大きく撮し右下に取調官、被疑者、事務官の全体の遠景が映し出されるが）同論の末尾ではこの方法だと一番目立つ被疑者に注目してしまうためCPB効果の危険がありうると指摘する。」
 2　更に指宿教授は2016年6月25日　株式会社法律文化社から出版された『被疑者取調べ録画制度の最前線』において以上の点を更に掘り下げ、撮影方式の差異による影響をめぐるラシターらの実験の記述を展開して

（7）　指宿信「取調べとその可視化」新学術領域「法と人間科学」中間報告書88頁以下。

Ⅳ 映像のインプレッション効果からの判断の偏り傾向の問題点

いる。
イ 撮影方式の差異は自白の任意性判断に影響を及ぼすか（事前研究）
　ここで3つの撮影方式で比較実験している。
　　被疑者フォーカス方式（SF-suspect-focus）
　　取調官フォーカス方式（DF detective-focus）
　　両者フォーカス方式（EF equal-focus）
3種類で比較実験
　3つの対照群のうちSF方式を見たグループが自白の任意性をもっとも強く認める傾向にあり、EF方式のグループが強制的とする傾向にあり、DF方式のグループが最も強制的であると評価した（293頁部分）。
ロ また裁判官であれば影響は免れるか（第4研究　299頁）においてラシターは66人の裁判官に3種類の撮影方式の性的暴行に関する自白ビデオを見せてバイアスが現れるか測定した。
　結果は、素人と同じく裁判官においても、自白の任意性の判断については SF方式で最も強い任意性肯定判断が示された。
このことは職業裁判官でも被疑者フォーカスの自白が任意性あるとの偏った判断からは逃れられないという衝撃的な心理的事実を示している。
ハ さらにSF方式での録画では自白に任意性を肯定しやすいバイアスがかかることを事前に警告していた場合（評議の前の説示に該当する）にはどうかの実験でも警告を受けるかどうかにかかわらずSF方式では高い任意性を示していて警告はバイアス修正に有用でないというこれまた意外で重要な心理的事実が明示されている（同書294頁第2研究、298頁第3研究、305頁の「5　裁判官による説示、裁判員に対するレクチャー」）。
このことは裁判官が説示で録音・録画から偏った印象を持つ危険を裁判員に警告して説示しても偏った印象を持ってしまうことは防げないという衝撃的事実を我々に突きつけていることになる。結局、同教授はこの撮影方法からのバイアスからは逃れる手段はないので任意性を肯定しやすい撮影方法は避ける以外にこの弊害を回避する手段はないと結論付けている。
　この点、2016年9月17日大阪弁護士会館での市民シンポジウム「取調べ可視化がはじまる」第4部パネルディスカッションでパネリストとして参加し

た周防監督が映画監督の経験から今市事件の映像から自白の信用性を判断した判決について、正面から取調官の視線でみると取調官の希望する印象となる。だから遠景で検察官と被疑者を撮さないと心証を間違える危険があるのにその危険性を裁判官は指摘しないままの判決で裁判官が不適切だったと鋭く同じ結論を指摘しているのが印象的であった。

　なお日弁連もすでに2011年12月15日に「取調べの録画の際の撮影方向等についての意見書」を公表していた。

　意見の趣旨は「取調べの録画の際の撮影方向等について、被疑者を正面から撮影するという現在一般的に行われているやり方だけでなく、画像の一部は取調官を正面から撮影する、または被疑者と取調官を横から撮影するなど、心理学の知見も踏まえ、異なる撮影方向から録画を行うよう求める」であり、意見の理由は前記指宿教授の指摘やそのもととなったラッシター教授の実験結果をもとにしてインプレッション効果による弊害を根拠としている。

　ただこの意見書は実務で生かされていないので日弁連は再度提言すべきである。

　なお指宿信教授は、今市事件判決後の11月28日の前記日経新聞の記事でコメントを寄せていて「欧米では録音・録画の撮影方法の違いが見る者の無意識に与えるバイアス（かたより）やその抑制方法の心理学的な研究が行われて来た。容疑者だけをクローズアップした撮影方法が最もバイアスの危険性が高いことが知られている」と指摘し、更に「取調べ過程を規律するための録音・録画導入の意義や評価と、これを証拠として裁判で利用することかどうかは全く別の問題。プロの裁判官であってもバイアスからは逃れられない」と改めて警鐘を鳴らしている。

V　一部録音・録画の再生に過ぎないため自白にいたるまでの捜査機関での取調べに任意性があったかが疑問である点の問題性

1　弁護人は別件逮捕の起訴勾留直前のA検事のもとで殺害を自白したとの検察の主張に対して無理矢理自白させられたと反論しているがこの場面は録音・録画されていないためこの点の自白が任意性あるものかは客観的判断資料が無いのである。

　また弁護人はその後殺人で逮捕されるまでの間に警察官から50回被害者に謝れと強制されたり殺してないといったら殴られたと主張し警察官は法廷で否定するがこの部分も録音・録画されていないためにこのような強制、威迫があったかは客観的資料がない水掛け論になってしまっている（前記小池4月論文）。

2　ちなみに録音・録画が再生された場面からも任意性にも疑いがあるとの判断もありえたと思われる場面をいくつか紹介しておきたい。

イ　〈4月24日から6月23日まで別のB検事に交代した〉[8]

ロ　6月6日、B検事による取調べ（録音・録画再生）

B検事：「本当のこと話してほしい。」

Xは話さない。

同日、別の場面。

X：「刑事さんに言われたけど、早めに自白すれば刑が軽くなるって本当なの。いつの時点で自白すれば（刑期が）10年が5年になったりとかあるの。」

B検事：「気になるの。まずはとにかく事実と向き合ってほしい。」[9]

---

(8)　傍聴者によるとA検事はXを呼び捨てにして厳しく殺意の自白を迫っていたが、B検事は「○○くん」と優しい言葉遣いで取調べにあたった。
　平山真理白鷗大学教授「今市事件裁判員裁判は試金石となり得たか——傍聴記をもとにいくつかの刑事手続上の重要な課題を論じる——」法学セミナー8月号2頁では、Good Cop ＆ Bad Cop の典型と批評しているがまさに録音・録画でもその点は明確な対比となっていて自白を勝ち取る検察の作戦が見て取れる。

ハ　6月11日、B検事による取調べでの自白（録音・録画再生）

　B検事：「今さら、事実を言ってもらうとか、自白してもらう必要はない。ずっと事実を黙っていても全く困らないから。分かる？　いまさら」

　X：「はい」[10]

ニ　自白はいらないとのB検事の発言のあと場面が切り替わっての録音・録画の再生場面

　B検事：「人の道だよ。逃げちゃだめ。▽▽ちゃんを殺したのは君だね。○○君。」

　Xはうなづく。

　B検事：「君だね。」

　X：「はい（うなづく）。」

　B検事：「君が殺したんだね。」

　X：「はい（泣きながらうなずく）。」

（9）　この場面のXの発言はこれ以前に刑事から早めに自白すれば刑が軽くなると言われたことを明言して質問している。

　警察段階で自白すれば刑が軽くなることの利益誘導があったことはこの場面の録音・録画から明白ではないだろうか。

　判決はむしろB検事が話をそらせたことが利益誘導でない適切な対応とするが、B検事は録音・録画が再生されることを意識して問答していることは明らかであってここで利益誘導する馬鹿なことはするはずはない。それより警察段階で利益誘導があったことが明白な場面なので、後の6月11日の「自白は無くてもいい」とのB検事の発言と従前の刑事の自白への利益誘導から利益誘導による6月11日からの自白の可能性は否定できないのではないかとの疑問が残る。

（10）　ここで自白しなくても構わない　とB検事が言ってその後から殺意の自白が始まる点に筆者は注目した。

　弁護側によると、Xは「警察段階で自白すれば刑が軽くなると言われていたこともあり、この日に（自白してもらう必要はない）と言われたので自白してもしなくても犯人にされてしまうと思った　自白しなくても犯人にされるなら刑事にアドバイスされたように自白して刑を軽くしてもらおうと思った」とのことであり、刑事の利益誘導とB検事のブラフ（自白が無ければ有罪にできないのにだましているのではないか）に乗せられてこの日に殺意の自白を開始してしまった可能性はあるのではないだろうか。

　なお利益誘導をしたとされるD警察官は26年4月から5月にかけてのXへの雑談の中で頻繁に「自白をすれば刑は軽くなる、罪を認めれば死刑や無期懲役でなく懲役20年ぐらいになる　○○君はまだ30歳くらいだから20年で出てきても50歳で元気で人生をやり直せる」と利益誘導したと弁護側は主張し、法廷で証言したD警察官は20年で出ても50歳でやり直せると発言したことは認めている（励ますためと言い訳つきだが）。

その後、殺害状況等を詳しく述べたとされる（録音・録画再生）。
　6月20日から23日までXの自白内容をまとめた5通の供述調書が作成された。

Ⅵ　録音・録画以外の付随問題点

　自白内容が唯一の有罪の決定的証拠であることから、信用性はごく慎重に客観証拠との整合性や供述の変遷や捜査官の誘導がなかったかの吟味が必要である。
　自白の内容が客観的証拠と矛盾していると、遺体を解剖した教授から遺棄現場とすると流血が少ない、胃の内容物が残っている点で死亡時刻が不自然など多数指摘され検察側の鑑定人はまれにはあり得るとか矛盾はしないというが矛盾点は解消されているとまでは言えない印象が残っている。また遺体の頭に付着したガムテープから採取されたDNAのうち不明な人物のものがあり真犯人のものである可能性と再鑑定の必要性が解剖医から証言、指摘され弁護人も真犯人の可能性が高いと主張していたが、判決は「犯人のものである蓋然性が高いと判断することもできない」と判示していて犯人性の立証責任が検察官にあることからしても疑問があると言えよう。これらの点もこの判決の大きな問題点で今後も自白が決定的な否認事件で自白偏重してはならない警鐘とされるべき判決と言えるのではないかと思う。
　その他弁護人は、遺体にわいせつ行為の痕跡ない点や7歳の子が泣き叫んだりしていない、解放するため移動する際全裸で助手席に乗せた、10回から12回刺すのに6秒か7秒、としている自白内容が不自然である点を指摘した。
　しかし判決では「自白は根幹部分で客観的事実と一致する」として慎重に自白が客観的事実とも整合するかに留意していない自白偏重な姿勢も問題であろう。

Ⅶ 今後の課題

　刑訴法改正案でも一部録音・録画の弊害ある、実質証拠としての使用禁止、正面からの映像中心の撮影方法変更の切実な必要性、任意性・信用性の判断方法

　今市事件を検討したうえでの改正刑訴法のもとでの今後の課題と対策
　1　一部録音・録画の問題性
　全事件・全過程録音・録画されるべきである。
　今市事件では2月18日の別件逮捕勾留後も6月3日の殺人事件での逮捕前は基本的に録音・録画されていない取調べがあったとされている。
　このような検察の都合で録画しない取調べで強制や利益誘導で自白に追い込む心理状態を作り上げ、自白をはじめる場面からいいところだけ録画するという検察制作の映画上映になってしまう危険が一部録音・録画にはあるのである。
　この今市事件の時のような別件逮捕されていて起訴勾留後、録画対象事件である殺人についてはまだ逮捕されてはいない期間に改正刑訴法の下で録音・録画義務があるかについては、国会で林眞琴刑事局長が「殺人については任意取調べ」であることと別件にしろ起訴され被告人であるから被疑者との文理に入らないとの答弁をして（参議院法務委員会議録〈平成28年4月14日〉）、日弁連の河津博史氏が身体拘束中であることは同じであるから当然対象事件の録音・録画義務がある（参議院法務委員会議録〈平成28年4月19日〉）として見解が対立した。
　この点をめぐり日弁連内部でも法律の明文で解釈の余地をなくすように提言する動きと解釈は日弁連が正しいとして法案成立を優先する動きがあり修正案を促す日弁連内部の動きが産経新聞で報じられ（平成28年5月16日朝刊）波紋を呼んだが結局日弁連は解釈の疑義をただす修正提言はしないまま法案は可決され、法務省と日弁連が異なる解釈のままの法案が成立している。
　後にも触れるが今市事件の例を見てもこの間の録音・録画をしておくべきであることは録音・録画しない間の身体拘束中の取調べを認めることになっ

Ⅶ　今後の課題

ていいとこ撮りを検察にされる危険があることから明白である。

　この点法務省は改正刑訴法の下でも録音・録画義務は無いとして日弁連の録音・録画義務あるとの解釈と対立していることは前述の通りである。

　この点は日弁連の解釈で運用されるよう裁判所に求める弁護実践が求められる。

　また改正法の条文では301条の２第４項で対象事件の全過程の録音・録画義務が規定されているが、例外規定が機器の故障の他、被疑者が拒んだり「被疑者が十分な供述をすることができないと認めるとき」となっている点が問題であり捜査官の裁量とされると一部録画でいいとこ取りされる懼れがあるが検察官に立証させることとの解釈が守られるように努める必要があり、改正法301条の２の１項２項で調書請求の場合にはその調書の成立に至る録音・録画媒体の取調べを検察官は請求しなければ裁判所は調書請求却下との規定があり、ここがその調書だけか４項からみて全過程の調書が必要かの議論はあるところであるが、少なくとも弁護側に全て開示されてないと一つの調書も採用しない運用は確保されるべきである。

　ところで改正刑訴法は対象事件が裁判員裁判と検察独自捜査事件に当面限定されているが特別部会での有識者５名の意見書でも、国会の両院の付帯決議でも捜査機関に録音・録画対象の拡大は目標とされているので実務での拡大も図られるべきである。

　２　録音・録画再生は任意性立証のためだけに許されるべきであり、供述態度等から実質証拠として犯人であることの心証を取ることは禁止されるべきである。

　この点がこの事件のもっとも冤罪の危険にもつながる問題性であり、かつ改正法のもとでも最高検の依命通知などから供述態度から実質証拠としての心証をとられることの弊害が懸念される。

　この点は改正法の下でも前述のとおり次の点から実質証拠として供述態度から心証を取ることは許さないとされるべきと筆者は考える。

第１点　もともと取調べ段階の録音・録画の導入が特別部会でも提言され改正法にも規定されることとなったのは身柄拘束中の捜査段階の取調べで強制

や威迫等による自白調書かどうかの任意性の点検の為であった。前記の東京高裁判決ではそのことは「公知の事実である」と明言までしている。

だとすると捜査段階の自白について取調べの録音・録画が法廷で再生されるのは本来の強制や威迫等がないかどうかの任意性の判断だけに使用されるべきなのは録音・録画導入の制度趣旨から当然である。

第2点　供述内容でなく、供述態度から犯人であるかどうかの心証を取ってしまうことは判断を誤る危険性の高さから避けるべきであること。

　イ　そもそも供述態度から心証を得ようとすることは判断者の主観的、直感的印象で判断してしまう危険性がある（東京高裁判決）。

だからたとえ公判廷であっても他の客観的証拠からの判断を優先させるべきで供述態度を犯人性や有罪認定の重要な判断要素にしてはならない

　ロ　しかも東京高裁の判決の指摘するとおり、公判廷でなく密室で身体拘束中の被疑者に対してなされた取調べにおける自白や不利益供述の録音・録画の供述態度から犯人性や有罪認定の判断要素とすることはさらに誤った判断をする危険が高すぎて基本的に許されるべきではない。公判廷において供述態度から心証を取ることがそれなりに正当化されているのは前記高裁判決判示の通り、公開の法廷で弁護人も同席し受動的に情報を受け取るだけでなく発問して真意を確認できる直接主義、口頭主義、公判中心主義に即しているからであって密室での取調べ段階の供述とは状況がことなるからである。

3　現在の正面から撮影している画像が中心となっていることからくる映像のインプレッション効果から供述者が真実を述べていると錯覚してしまう心理効果からの危険性（指宿・前掲「取調べとその可視化」参照）があるから、できるだけ速やかに偏りの少ない撮影方法に変更改善されるべきである。

今市事件のように録音・録画が信用性判断の実質証拠としても活用される場合はもっとも弊害が大きいがかりに任意性立証だけのために活用される場合にも任意性が肯定されやすい誤った偏ったインプレッション効果を与えるので直ちに偏った印象の少ない撮影方法に変更、改善されるべきである。

ニュージーランドではこれを避けるため被疑者と取調官を真横から移す録

画映像を採用することに変わったぐらいこの正面から撮影した映像の錯覚効果は強固であることが実験でも実証されている（指宿・前掲「取調べとその可視化」、ラッシターほか・前掲「ビデオ録画された自白」）。

　判断者に偏りのできるだけ少ない撮影方法は直ちに採用されるべきであり、例えばニュージーランドで採用されている被疑者と取調官を真横から撮影する方法にすぐに変更すべきである。これは運用ですぐにでも実現できるはずの問題である。

　そうして任意性だけの点検に徹することも考慮すると、被疑者の顔の表情もあまり詳細に見えない程度の遠景にして供述内容は録音で聞き取れるように工夫し、もっぱら密室で強制や利益誘導がなかったかを監視する機能に限定することが最も望ましい方法であろう。

　4　任意性あるとされた時に採用されるべき書面

　以上の方法での録音・録画で任意性なしとなればそれで良いが、仮に任意性ありとなった場合に検事調書をそのまま採用で良いのかも検討課題とすべきである。

　なぜなら現在の検事調書は一問一答になっていないで本人が一人称ですらすら話している形式の供述調書であり、取調べでの問答をそのままは反映していない検事の作文であることは周知の事実である。録音再生で折角一問一答の問答を聞いているのに、任意性ありとなったときにわざわざ取調べ問答とことなる検事の作文を採用するのは不合理であると、思われる。そうかといって録音・録画再生画面を実質証拠にすることは重大な弊害があって許されないことは記述のとおりである。

　そこでこの場合に採用されるべき証拠書面としては次の２つの方法が考えられる。

　イ　再生した録音を逐一反訳した書面

　これであれば取調の流れの通りの一問一答が確保され且つ映像がないので供述態度から心証とってしまう危険も最小限となり、また映像のインプレッション効果の弊害防止も貫徹される。

　ロ　検事調書の作成方法を現在の本人がすらすら語る作文形式であること

を変更し、全ての調書を一問一答式にするのである。

そうすれば実際の取調べの問答になって検事の作文にはならなくなる。

この点は、五十嵐二葉弁護士が季刊刑事弁護に寄稿した今市事件の判例評釈のなかで取調調書も一問一答に徹底するべきであると論じているところであり、筆者も正論と思う（季刊刑事弁護87号〈2016年〉159頁以下。特に論文末尾）。

ただ録音・録画の一問一答のときと違う検察に有利な問答に作り替えられる危険はあるのでイの案の方が優れているし、ロを採用する場合はイの書面もロの信用性検討書面として同時に採用したほうが良いと思う。

5　自白の任意性・信用性の判断方法（特にポスト可視化での課題と対策）
　イ　自白の任意性判断について
【はじめに】任意性判断が決定的重要性を持っていることについて

今市事件では補助証拠として任意性・信用性判断のため録音・録画を再生してまず供述の任意性を判断して肯定し供述調書を採用しその後自白の信用性を判断するという手順を踏んではいる。しかし自白の録音・録画で任意性ありとされれば自白の信用性も肯定される蓋然性は高いと思われる（自由な意思で供述しているが信用はできないとの判断は理論的にはありえても現実的には困難である。但し、今市事件のように自白の信用性を自白偏重せず客観証拠と慎重に判断すれば信用性否定が可能なそして必要な事案もあり得ることは前記の通りである）。

従って通常自白の任意性判断が自白の信用性も含めての問題の決め手となることが多いと思われる。

これまでの裁判実務では、取調べ段階の自白の任意性については、事実上弁護人側が取調べ上の問題点から任意性が無いことを立証しないと簡単に任意性が認められている。

しかし、本来は、伝聞証拠として証拠能力が無いはずなのに、例外として特別に検面調書を証拠採用する要件として「自白の任意性」を要件としたはずである。従って、検察官側で完全に任意性があることを100パーセント立証する責任があるはずであり、少しでも疑念があれば任意性無しとして証拠

Ⅶ　今後の課題

排除すべきものであろう。

　ところがこれまでの裁判実務ではある程度の心理的圧迫が加えられても自白がある以上任意性が肯定されてきたのがこれまでの現状である。この点につき指宿・前掲『被疑者取調べ録画制度の最前線』では、

　「冤罪発覚後の国賠訴訟の判決で ¦被告（警察官）が原告（元被告人）に、ある程度強い心理的圧迫を加える態様で、真相を話すよう追求したことが、合理性を明らかに欠如し、社会通念上相当と認められる方法ないし態様及び限度を超えたものとは言えない¦ にあるような判決が多数あり、これまでの冤罪事件を分析すると裁判所は自白が得られた以上、任意性の判断が甘く、また自白供述があると信用性を否定することに裁判所は非常に強い躊躇を覚える傾向があると分析している（同書5頁から6頁及び49頁）。そして自白以外には決定的証拠がないまま冤罪で有罪とされるケースが多いとする。6頁において八海事件の弁護人と知られている青木英五朗弁護士（元裁判官）が ¦無実のことを自白するものはおるまいという発想は多くの裁判官に共通している¦ と指摘している点を紹介している。」

　さらに同書55頁では、一定の範囲で誘導尋問が許容されてきたことの一例として広島高判昭和28・10・29（高裁刑事判決特報31号82頁）の次の判示を引用している「誘導尋問による供述も一概に任意性を否定し去るべきものではなく、それが虚偽の供述を誘発する程度に達した場合にはじめて任意性を失わせると解するのを相当」そして諸外国では誘導尋問は自由応答式でも選択応答式でも厳に禁じられているとして日本での自白誘発型尋問形式とこれを是認する裁判実務を批判し、これを防ぐには裁判所が任意性判断に深く切り込んで、「虚偽供述を誘発する恐れのある取調べ」があった場合には厳しい証拠能力判断を示す以外に、捜査機関が尋問方法を改めることは期待できないように思われると指摘している（指宿・前掲『被疑者取調べ録画制度の最前線』60頁）。

　そうすると、取調べの可視化が実現しても、自白の任意性判断が、強制、威迫、利益誘導があることが判明しても、裁判所に緩やかに認定されてしまう懸念があると言わざるを得ない。

　前掲平山真理論文でも、全過程可視化万能論にも懐疑の一言を投げてい

取調べの録音・録画――今市事件を契機として――

る。

　この点の懸念について、指宿・前掲『被疑者取調べ録画制度の最前線』45頁で元裁判官の木谷明氏の弁護士会向けの講演の一部と論文を紹介している「私が心配しているのは、可視化によってせっかく違法・不当な取調方法が明らかにされても、裁判所が次々にこれを是認して自白の任意性を肯定してしまうのではないかという点です。確かに、可視化が実現されれば、あからさまな暴行・脅迫による自白は減少するでしょう。しかし私は、それ以外の方法による違法・不当な取調べが、可視化によって有効にチェックできるかについて不安を持っています」（木谷明『刑事事実認定の理想と現実』〈2009年、法律文化社〉126頁）

　これまでの裁判実務での冤罪での虚偽自白事件で自白があれば任意性や信用性が比較的容易に認定されてきたことは全面可視化だけでは　露骨な暴行・脅迫やひどい利益誘導でもないと　ゆるやかな任意そうな虚偽自白の場合見抜けない危険があることを意識するべきであろう。この点佐藤博史弁護士は「足利事件の取調べテープが教える取調べの技術」（日本法学76巻4号〈2011年〉1001頁）において穏やかな部類であったにもかかわらず、結果的に虚偽の自白がなされたことに刮目すべき」と指摘している。

　そこでこの懸念を克服するには、自白の任意性の段階で検察官に100パーセントの立証責任があることの認定を裁判所に徹底的に要請することがポスト可視化時代の自白の任意性を確保して冤罪を防止する最重要課題と思われる。

　具体的には

　・ひとつにはその場面だけの供述態度だと強制も利益誘導も心理的追い詰めもなさそうだと錯覚されそうであること考慮してその場面の供述以外の他の事情で任意性の疑いがありそうなすべての条件を消すことの立証を検察官に求める録画体制をとっておく。

　・そのための手始めとしては前述した全事件全過程の取調べの録音・録画の徹底であろう

　・特別部会での最高裁の今崎委員の発言概要は、「被疑者の供述が鍵になる事件で任意性が争われると、従来のような取調官の証人尋問中心でなく、

最も優越した証拠である録音・録画媒体が中心となる。これが無い場合には従来より検察側に重い立証責任が課されるだろうし、録音・録画義務が課されない事件も同様だろう」である（注：周防正行『それでもボクは会議で闘う』〈2015年、岩波書店〉37頁・38頁から引用）。

　これは重要な手がかりになり、東京高裁の公判中心主義、捜査取調べ軽視の姿勢の判示からも裁判所の運用として期待できるので、弁護人はある調書の任意性が問題となったら全ての取調べのうち録音・録画のなかった部分があることを指摘して任意性を否定する運用を裁判所に求めるべきである。

　その前提として取調べ開始の最初の段階から弁護人は全事件について全部の取調べの全過程の録音・録画の申入書を捜査機関に差し入れるべきである。

　この点は日弁連で刑訴法改正に対する対応策として内部で議論、提案されているところでもあり正しい戦略と思われる。

　これにより捜査側は全ての取調べを録音・録画しないと特定の自白調書の任意性も立証不成功とされることの圧力から自発的に全事件全過程録音・録画の運用が定着するきっかけにもなるであろう。

・更に可能であれば身柄拘束中ワンカメで朝起床から夜就寝まで録音・録画するとか、（今市事件検討会議で提案された案であるが、被疑者の人権問題が別にあることはそれとして卓見と思う）取調べ中も含め画面に身体拘束後の経過時刻を表示する方策も検討に値する。何日勾留で取調べ何時間後の録音・録画の映像か解るようにすると供述への取調べ拘束の影響の手がかりにはなり得るし、取調べ時間以外の一定の時間はどこで何をされていたか弁護人から釈明が出来る手立てにもなろう。

・このように取調べ段階での自白の任意性について100パーセント検察に立証責任があるとして公判中心主義の立場から少しでも任意性に疑いが残れば裁判所は自白の任意性を排除する対応を取るべきであると改正刑訴法のもとでも主張するべきである、

・また公判中心主義の立場から捜査段階の自白がある否認事件でも被告人質問先行で検察での調書は保留で自白内容と否認供述もともに公判する訴訟指揮もそれが可能な事案である限り裁判所に期待すべきであって前述の東京

高裁平成28年8月10日の判決の姿勢を指針にするべきであろう。

【捜査段階の虚偽自白防止の抜本的対策】

・伝聞証拠の不当な例外の刑訴法322条1項の廃止

　録音・録画も実質は伝聞証拠なのだから（弁護人の反対尋問を経ていなし身体拘束中の取調の状況での虚偽自白の排除の必要性もある）、伝聞証拠の例外として自白の任意性を判断するために伝聞の録音・録画を活用するのは自己矛盾との指摘は正論ではないか。

　指宿教授は前掲『被疑者取調べ録画制度の最前線』339頁末尾において「私見では伝聞証拠である以上、公判廷での取調べの映像記録再生は原則禁じられるべきである」と述べていて正論と思う。

　そして根本的制度改革として伝聞法則の例外としての刑訴法322条1項をそもそも廃止して供述調書も録音・録画も実質証拠としては一切採用しないとすることが根本的解決で公判中心主義も口頭主義も貫徹できよう。

　ロ　任意性欠く自白防止のための取調べ制度の改善と不当な制度での調書不採用の主張

【運用面での弁護実践】

　なによりも海外では広く認められている取調べにおける弁護人の立会権を確保して、代用監獄を廃止し逮捕後の取調べ時間短縮を早期に実現することが今回の今市事件の教訓を経て改正刑訴法の弱点のなかで冤罪を防ぐためには急務であると思われる。

　以下は制度改革論であるが、改革されるまでの運用論として自白の任意性に疑いある取調べとして供述調書不採用の運用を裁判所に弁護人が求める弁護実践の運用論としても検討すべきであると筆者は考える。

　・代用監獄での取調べがあったことだけで、任意性に疑いが生じる環境での取調べがあったとしてその後の取調調書も全て任意性無しでアウトとすることを裁判所の運用に求めて実現すれば代用監獄での取調べはしなくなり運用面から代用監獄の廃止に繋がる道が立法への厚い壁を乗り越えて実現する道が開けるのではないだろうか。

　同じことは長時間の身柄拘束自体が任意性ある自白でなかった疑念を否定できないとして長時間の不必要な身柄拘束があった事件での自白の任意性は

否定する運用を裁判所に求めることも積極的にするべきと思われる。

具体的には、72時間の拘束を超えて20日間も平気で勾留し起訴後も否認を続けると保釈も認めようとしない現行実務は人質司法として国際的にも異例と批判されており、任意性の100パーセント立証に疑念があるとの理由で、制度趣旨を超えた起訴前勾留、起訴後勾留の保釈却下について三年後の見直し立法で改善目標とするとともに運用面で任意性に疑いが残る取調べ環境があったとして全ての不利益調書の任意性を否定する運用を求めていくべきではないか。

・おなじことは取調べでの弁護人立会権も否定する条文は無いわけで、認める明文立法をめざすと共に弁護人の立ち会いのない公権力のもとでの一方的取調べが任意性に疑いある状況であることを理由として弁護人の立会い請求を無視した取調べにもとづく不利益供述の調書の任意性を否定するよう裁判所に運用面で働きかけたらどうだろうか。

ハ　自白の信用性判断

前記のとおりなによりも取調べ段階でなされてしまった虚偽自白は任意性の段階で排除することが先決で重要であることは間違いない。

ただし客観的証拠に乏しく自白が有罪の唯一となるような事件でも録音・録画再生や録音テープ反訳書面でもゆるやかに任意性が認定される懸念があることから自白の信用性でも裁判所の厳しい認定に期待するしかない。

幸い既述の平成28年8月10日の公判中心主義と取調べの問題状況を良く理解された東京高裁の判決やこれを受けた11月下旬の司法研修所の裁判官の議論でも取調べ段階を重視しないで公判中心主義への方向性が見て取れるので筆者としてはポスト可視化では裁判所には任意性についても厳正な検察官への完璧な立証責任判断を期待したい。

また仮に任意性判断を通過してしまった場合でも、客観証拠が乏しく自白が唯一の証拠のような今市事件のような場合には、自白を偏重せず、捜査官の不当な利益誘導がなかったか、自白内容は客観的証拠から慎重に検討して信用性に疑いがなかったか厳正な判断を期待したい。

ところで再生画面からも自白の任意性にも問題があるし信用性判断にも問題があると指摘した今市事件において、「殺害行為を行った具体的位置や刺

突回数などについては被告人質問等においても取調官による誘導を受けた形跡が認められないにもかかわらず、客観的証拠から認められる事実とよく符号して信用性がある」と判示している重要な刺殺場面に、再生画面からでも捜査官の遺体解剖医師の所見に合致するような誘導尋問がなされている部分を紹介する。検事調書ではすらすら一人称で述べた作文になっているかも知れないが一問一答の録音・録画場面では問答のやりとりが判明している。

前提として解剖医の所見では、遺棄現場と殺害現場は別であり、遺体から判断して、おそらく寝ていた状態（背部が固く支えられている状態）で垂直方向から同じ部位を、10回刺し続けた　となっている点を念頭に置いていただきたい。

6月11日の殺害を自白したあとの引き続きのB検事の質問のうち、誘導が明白な部分を引用する（筆者注：長い問答の途中省略箇所には省略と記載した）。

  検事 「××ちゃんはどこで殺した」

  被告 「現場で」

  検事 「違うんじゃないか」（筆者注：誘導）

  被告 「現場で間違いない」

 （省略）

  検事 「××ちゃんを寝かせたのか」（筆者注：誘導）

  被告 「立たせた」

 （省略）

  検事 「どうやって刺した」

  被告 「抱えて刺した」

  検事 「何回刺した」

  被告 「5回くらい」

  検事 「そこから」（筆者注：誘導）

 （省略）

  被告 「倒れ始めて、また何回か刺した」

  検事 「ひざをついている時はどういった状態」（筆者注、誘導）

  被告 「ひざはついて、体はまっすぐだった」

Ⅶ　今後の課題

　　検事　「肩は押さえたまま？」（筆者注：誘導）
　　被告　「はい」

　以上から分かるように、検事は解剖医の「寝た状態の被害者を、垂直方向ら同じ場所を10回くらい刺した」という事実があることを知っているので、そこに誘導しようとしている。
　検事は誘導尋問で、解剖医の書見に合致する供述を引き出したかった様子が見て取れる。しかし、立ったまま刺して、ひざをついてからも刺し続けたとの中途半端な供述となっている。これだと垂直方向に同じ創洞になっていることと不整合だろうし、弁護人も指摘している。そのためか判決は検察側の鑑定人証言で可能であるとの見解を引用しているが、同鑑定人ですら寝て刺された可能性もあるとしている。結局、刺殺場面の問答も「客観的証拠から認められる事実とよく符号している」などといえるものではなく、検察側の証人で可能性があるとして、かろうじて矛盾しないとしたにすぎない。
　更に判決文では客観的証拠と違う点を指摘されて自白供述を多数変遷させていることも認め、全裸で助手席に乗せたのは不自然との弁護人の主張ももっともであるとさえ述べている。それでも有罪としている。この今市事件では特に可視化になっても任意性や信用性で自白誘発型の誘導尋問の弊害と自白偏重でこれを容認しやすい裁判実務の課題が浮き彫りになったと思われる。
　　二　心理学の供述分析の効用の見直しの必要性
　指宿・前掲『被疑者取調べ録画制度の最前線』10頁において「冤罪を見抜いた心理学者、見抜けなかった刑事裁判官」として、再審無罪となった袴田事件についてDNA鑑定が出るずっと以前に、自白に信用性が認められないとの心理鑑定を裁判所に提出した件を紹介している（浜田寿美男『自白が無実を証明する──袴田事件、その自白の心理学的供述分析』〈2006年、北大路書房〉231頁）。
　鑑定の内容は「自白した被疑者が、事件後の検証などで明らかになった客観的な犯行事実についてまったく無知でしかないことを露呈してしまうことがある。この〈無知の暴露〉は、当の自白者の無実性を強く示唆し、場合に

よってはそれを決定づける証拠となる。その時、自白は、逆説的なかたちで、無実を語る」というものであり、指宿教授は犯人である裏付けの「秘密の暴露」テストと真逆の視点で見ていると論評して高く評価している。

残念ながら第一次再審請求で地裁はあっさりとしりぞけ、抗告審の東京高裁に至っては「浜田鑑定は、本来、裁判官の自由な判断に委ねられるべき領域（刑訴法318条参照）に正面から立ち入るものであって、およそ刑事裁判において、裁判所がこのような鑑定を命じるとは考えられないのである。その意味で浜田鑑定については、そもそもの証拠性にも疑問があると言わざるを得ない。」（東京高決平成16・8・26判時1879号3頁）と手厳しく判断されてしまった。

しかし指宿・前掲『被疑者取調べ録画制度の最前線』15頁によれば「心理鑑定とは、職業裁判官のおこなう経験則に基づいた事実認定であれ市民から選ばれる裁判員の提供する社会の一般常識であれ、それらと一線を画するものである。心理学の役割は、人間が職業的にあるいは市民生活で無意識のうちに身につけている様々なバイアスや認知の歪みを浮き彫りにして、エラーの発生を警告したりすることにある。」として心理分析の有効性を論じているし、同書17頁で木谷元裁判官の論を引用して「従来の裁判実務家の研究は、過去の事例を通して、どういう場合に虚偽自白が生じやすいかをいわば帰納的に明らかにするものであった。心理学的知見は、自白の真否を演繹的に見分ける方法ともいうべきものである。両方あいまって誤判・冤罪を防止する道具とされなければならない」（木谷・前掲『刑事事実認定の理想と現実』114頁）。

心理学的見地からの自白の真否の分析は今後も重要と示唆される見解と言うべきである。

日弁連が供述分析研究会を継続していることもここで評価しておきたい。

6 なお裁判員が任意性だけ判断するといわれても供述態度の印象から分けて判断することは困難であろうとして公判前整理手続で任意性判断のための再生をするべきであるとの意見もあるが賛成できない。

なぜなら裁判員裁判で裁判員をこの重要な判断から除外するのは裁判員法

68条で裁判官の専決事項でも裁判員の傍聴を認めて意見をきけることとした市民参加の裁判員制度の趣旨からして賛成できないし、再生による供述態度からの印象は専門家である裁判官も事実上影響を受けてしまう懸念は消えないからである。

7 自白が決め手となる事件で客観証拠との矛盾がないかや自白の捜査官による誘導がなかったかなどの点について今市事件は自白偏重でこの点を非常に軽視した点でも問題ある判決である。この事件を手がかりに、ポスト可視化時代を迎えるこの時に捜査段階の虚偽自白を防止する検討をしたのが本稿の目的であった。少しでも録音・録画を中心とした課題改善の提言になっていれば幸いであるし、課題改善に向けて、裁判所に多大な期待を寄せていることを最後に述べておきたい。

（まきの・しげる）

初出：『週間法律新聞』2183号～2185号（2017年、法律新聞社）

今市事件裁判員裁判と取調べ録音・録画の課題

白鷗大学法学部教授 　平 山 　真 　理

Ⅰ　本稿の目的
Ⅱ　今市事件裁判員裁判とは
Ⅲ　今市事件裁判員裁判を振り返る

Ⅰ　本稿の目的

　2016年2月29日〜2016年4月8日にかけて、宇都宮地裁において、いわゆる今市事件の裁判員裁判が開かれた。この裁判は刑事訴訟法において近年議論されている課題が凝縮されたものであったと言えよう。公判は全16回開かれたが、筆者はそのうち8回を傍聴する機会を得た。本稿は筆者自身の傍聴記をもとに、この裁判における課題のうち、とくに取調べの録音・録画の問題に焦点を当てるものである[1]。

Ⅱ　今市事件裁判員裁判とは

1　事件の概要と被疑者逮捕、そして殺人事件で起訴に至るまで

　今市事件裁判員裁判の課題を論じる前に、まずは事件の概要と被疑者逮捕

（1）　傍聴記をもとに執筆したものとして、平山真理「今市事件裁判員裁判は試金石となり得たか——傍聴記をもとにいくつかの刑事手続上の重要な課題を論じる——」『法学セミナー』739号（2016年）1〜5頁がある。また、筆者自身の傍聴記録以外に、とくに以下の連載記事を参考にした。産経ニュース「栃木県女児殺害事件公判」第1週〜第4週．www.sankei.com/premium/news/16035/prm

までの流れをまとめる。2005年12月1日、栃木県旧今市市（現日光市）において当時小学校1年生の女児Ｖが帰宅途中に行方不明になった。翌2日に茨城県常陸大宮市の林道で被害者の遺体が発見された（下野新聞2005年12月3日記事）。地域住民のみならず、全国を恐怖と不安に陥れたこの事件ではしかし、長期間に渡り被疑者が逮捕されなかった。当時の日本社会は、地域社会で子どもの安全をどう守るかについて地域社会が頭を悩ませる事件が連続して発生していた。上で述べたように、今市事件に関してはさらに悪いことに、事件後8年以上も被疑者が逮捕されなかったことから、不安感は更に大きかったと言える。

被告人Ｘ（33歳男性）は事件後かなり早い段階から捜査線上にあがっていたとされるが、決定的な証拠が見つからず、逮捕には至らなかった。ところが、事件から8年以上経った、2014年1月29日に、Ｘは商標法違反（偽ブランド品の販売目的での所持）で現行犯逮捕される。栃木県警はこの2年前から内偵を続け、Ｘ逮捕に至った。本件（殺人被告事件）について取調べる目的の別件逮捕であったことは明らかである。

同年2月18日の午前中、商標法違反で勾留中のＸは取調べ検察官Ａの「君、人を殺したことあるよね」という問いかけに突然ガタガタと震え始め、被害者の殺害を認めたとされている。しかし肝心のこの場面は録音・録画されていない。後でも述べるように、公判で再生された取調べ映像は同日の午後からのものである。Ｘは同日、商法法違反で起訴され、その後もＸに対して殺人被疑事件について任意の取調べが続けられる。その後、Ｘは6月3日殺人被疑事件について逮捕され、同月24日に起訴された。なお、Ｘは銃刀法違反（正当な理由なくナイフを所持していた）でも起訴され、2016年2月9日に宇都宮地裁は商標法違反と銃刀法違反の罪でＸを有罪とした（殺人事件のみ裁判員裁判で区分審理）。殺人事件については計24回に渡り、公判前整理手続が行われ、2016年2月29日の第1回公判を迎えた。裁判員選任手続は2016年2月10日に宇都宮地裁で行なわれた。報道によると（読売新聞2016年2月11日記事33面）、地裁は裁判員候補者として350人を選び、そのうち、高齢や学生等の理由で辞退が認められた人を除く230人に呼出し状を送り、そのうちさらに142人が辞退を認められ、最終的な呼出し状を送った候補者88名のうち、

出席者は40人であった、という。

2 公　　判

　今市事件裁判員裁判の公判は大きな社会的耳目を集めた。これは、未解決であった事件から8年以上も経って被疑者が逮捕されたという背景も大きいが、公判で被疑者の取調べ映像が長時間に渡って再生される（合計7時間13分の映像が再生された）という点への注目も大きかった。第1回公判では、一般傍聴席42席に対し、傍聴整理券を求めて913人が並んだ。判決日にはこの数は1,317人となり、宇都宮地裁においてはこれまでで最も多い数となったと思われる。一般傍聴席もほぼマスコミ関係者で埋め尽くされたと言っていい。

　傍聴席の中央前列には被害者遺族のための特別傍聴席が設けられ、被害女児Vの叔母が付添人と共に連日傍聴しておられた。法廷には検察官5人が座り（これはこの事件への注目が大きいことを考えても、かなり多いのではないか）、また検察官の後ろには被害者参加人（Vの父親と祖母）の席（遮蔽が置かれていた）があることが分かった。また、被害者参加人の弁護士も2人検察官の後ろに座っていた。対する弁護人は3人であった。

　開廷し、入廷してきた被告人Xはシャツとズボン姿でどちらかというと無表情であり、その表情から多くを読み取ることはできなかった。しかし、罪状認否ではっきりと「殺していません」と無罪を主張し、その際には顔を真っ赤にして、涙がこぼれ落ちるのが傍聴席からも分かった。この裁判では多くの証人による証言が行われた。取調べをした検事や警察官、鑑定医、DNA鑑定専門の科警研職員、Xの母親、Vの叔母等、17人の証人が証言した。

　Xは取調べ段階では犯行を認めたものの、その後否認に転じ、公判では無罪を主張したわけであるから、Vの取調べ録音・録画映像が公判で再生され、自白の任意性と信用性の判断が大きな争点の一つであった。一方、自白以外に有力な証拠はほとんどないと言ってよかった。自白以外はいずれも情況証拠で、①Nシステムの記録（Xが事件当日、犯行現場方向に向かい往復していたことを示すに過ぎない）、②Vの遺体の手の指の間に付いていた猫の毛

が被告人が飼っていたのと同じグループ（同体の猫ではない。ちなみに猫のDNAは71グループに分かれるが、ここで問題となっている獣毛のDNA型は570匹調べて3匹が該当する程度の低い出現率：0.53％である、とする）に属する猫と考えて矛盾がないこと、③Xが勾留中に母親に犯行を謝罪すると思われる手紙を書いていること（ただし、Xはこの手紙は商標法違反事件を起こしたことへの謝罪で、しかも留置担当の警察官に書き直しを命じられたと公判で主張した）、そして④被害者の首の傷はスタンガンによるものと考えて矛盾ないが、同種のスタンガンの空き箱がXの部屋から見つかったこと等であった。これらの情況証拠はすべて、その推認力に関しては非常に限定的であることは明らかであり、だからこそ、自白の証拠能力が認められるか否かが鍵であった。

　本件についての、警察、検察取調べの映像は合計80時間以上あったとされているが、これがすべてであったかは必ずしも明らかではない。第8回公判（3月10日）からXに対する検察官取調べの様子が再生された。法廷の左右の壁に掛けられたモニターには、左上の大きな枠内（画面全体の4/9を占める）には検察官の右斜め後ろから撮影され、Xがほぼ正面に位置し、また画面の右下の小さな枠内（1/9を占める）には取調室全体の様子が撮影され、X、検察官A、立会検察事務官の三者が写し出されていた。Xの声はか細く、聞き取りにくかったが、再生される取調べの様子を筆者も固唾をのんで見つめた。既に述べたようにXが最初に犯行を認めたとされる2014年2月18日の取調べは録画されておらず（第7回公判で証人として出廷した検察官Aは、その理由について、"最初は勘をとろうと思っていただけで、まさかXが自白すると思わなかった"と述べていた[2]）、同日午後からの取調べの様子が映し出された。午前中の自白を確認しようとする検察官Aに対し、Xは「（午前中は）パニックになった」とか「はーはー」と息を深くつくばかりで一向に要領を得ない。同様のやり取りが、2月21日、25日、27日の取調べにおいても続く様子が再生された。25日の取調べでは、Xに対し、検察官Aが「（自白しないなら）いつまでも悪夢を見続けろ」とか「被害者遺族や色んな人に恨まれ続け

---

(2) 　の事件の検察取調べの内幕に切り込んだ秀逸な記事として「対立の結末栃木県女児殺害有罪」（上・中・下）茨城新聞2016年4月10、12、13日の記事を参照されたい。

生きていけよ」などと厳しい口調で問い詰めた直後、「もう無理ーっ！」と何度も叫び、頭を抱えたＸがいきなり、検察官の背後にある窓に突進し、飛び降りようとする様子が映し出された。取調べに同行している留置部門の警察官（と思われる）に取り押さえられた後も、さめざめと泣くＸの声だけがモニターからは聞こえてきて、法廷は重い空気に包まれた。公判中あまり表情を変えなかったＸが顔を赤くしてモニターを見ている様子が印象的だった。翌日の第９回公判でも、検察官Ａによる2014年３月２〜28日の間の計７日間の取調べの様子が再生された。Ｘは被害者殺害に関しては認めていないものの、ため息やうめき声をあげるだけで、明確な否認も行っていなかった。一方、わいせつ行為や犯行現場に行ったこと自体については認める供述も見られた。

　第11回公判では、Ｘを取り調べた３人の警察官が証人として出廷し、自白の強要や誘導を行っていないことを証言した。さらに、警察による取調べの様子、Ｘが弁解録取書にサインをする場面などの録音・録画が再生されたとされている。

　検察が自信を持って証拠調べ請求したのは前出の検察官Ａとは別の検察官Ｂによる取調べの録音・録画映像である。検察官ＡがＸを「おい、○○（ファーストネーム）！」等と呼ぶのに対し、検察官Ｂは「○○くん」と呼びかけ、口調も柔らかであった。第11回公判（３月15日）では、2014年６月11日に行われた検察官Ｂによる取調べの録音・録画映像が再生された。そこでは「人の道だよ。逃げちゃだめ。△△（被害児童の名前）ちゃんを殺したのは君だね」と語りかける検察官Ｂに対し、Ｘは「はい」と頷き、身振り手振りを交えて殺害行為について説明を始めた、とされている。その後、「（自白して）すごい楽になった」と述べ、検察官Ｂに対し「ありがとう」と礼を言い、さらには「（別の状況で会っていれば）友人になれたと思う」とまで述べたという。これらの取調べの流れを見ると、まさに「Good Cop & Bad Cop」の典型例である（これを「北風と太陽」作戦と表現した報道もあった。読売新聞2016年４月22日朝刊29面）。最終論で弁護人も「過去の（検察官Ａ）による取調べの影響がまだ継続していることについて留意してほしい」、と裁判員らに訴えた。また、第12回公判（３月16日）に行われた被告人質問でも、Ｘ

は「検察官Ｂに対し、少しでもよい印象を与えようと思った」と述べている。

　この裁判では、自白の任意性について中間論告・弁論が行われ、第14回公判（３月18日）において裁判所は自白の任意性を認め、検察官Ｂ作成の供述調書５通すべてについて証拠採用をした。自白の任意性判断は裁判官のみによって行われるが（裁判員法６条２項２号）、その合議を裁判員にも傍聴させていたかどうかは明らかではない。自白の任意性ありと判断されたことで、おそらくは有罪判決であろう、という空気が傍聴者の間で一層強まったのも事実であった。

3　判決の宣告

　2016年４月８日、裁判所は自白の信用性を認め、被告人に無期懲役を言い渡した（宇都宮地判平28・４・８LEX/DB25542682）[3]。判決文によると、上で挙げた情況証拠から見られる客観的事実をそれぞれ具体的にみれば、被告人が犯人でないとしたならば合理的に説明することができない（あるいは、少なくとも説明が極めて困難である）事実関係が含まれているとまでは言えず、客観的事実のみから被告人の犯人性を認定することはできない、と裁判所自身もはっきりと認めている。しかし、本件では自白の存在が大きかった。「録音録画映像からは恫喝や暴行が加えられた事実がなかったことが認められ」、検察官Ｂ「に対する被告人の応答や態度も併せてみれば、被告人が従前の取調べの影響を受けて本件殺人について自白供述をしたとは到底いえない」として任意性を認め、「自白は実際に体験しなければ語れない具体性に富んでいる」として、自白の信用性についても認めている。判決後の記者会見で裁判員たちは「録音録画がなければ判断できなかった」[4]と正直な感想を述べている。また、「表情やしぐさがよく分かり、判断材料の大きな部分を占めた」という裁判員のコメント等、取調べの録音・録画が供述調書の補

（３）　この判決に対するレヴューとして、指宿信「取調べの録音録画記録を公判で長時間再生の上、映像記録中の被告人の供述態度や供述変遷から自白供述について十分に信用できるとした事案」TKCローライブラリー2017年５月19日掲載新判例解説刑事訴訟法No.108
（４）　読売新聞2016年４月９日付朝刊記事。

助証拠ではなく、信用性判断のための実質証拠としての役割を果たしていたことをうかがわせるものもあった。

　ところで、上でも述べたようにこの裁判では17人の証人が証言を行った。裁判員の中には犯行の再現実験を行った警察官に対し鋭い質問を行ったり、被告人に対し、なぜ当初は犯行を認めたのかを問うた者もいた。自白以外に有力な証拠がなかったこの裁判で、少しでも多くの判断材料を得たい、という裁判員の真摯な姿勢が感じられたことは間違いない。しかし、一自白を信用性のあるものとして判断し、無期懲役という刑を決めた裁判体の判断はどのように分かれたのであろうか。全員一致によるものか、双方の意見を含む多数決（裁判員法67条1項）によるものか。「評議の秘密」については守秘義務がある（裁判員法108条）以上、それを知ることはできないが、評議において、裁判員たちからどのような意見が出たのかを知りたいと強く思った。判決宣告の際には、3人の補充裁判員も法壇の前に並び立ち、評議においても全員が悩みぬいた結果であるというメッセージが感じられたのも印象的であった。ところで、判決公判は当初3月31日に予定されていたが、これが4月8日まで延期された。裁判員裁判では極めて異例のことであろう。自白以外に有力な証拠が少なかったこの裁判はとくに判断の難しいものであったであろうと思われる。

　判決後の記者会見には裁判員・補充裁判員のうち7人が応じたと報じられているが、「自分がどちらの答えを出すのか最後まで分からなかった」と口をそろえてコメントとしたと報じられている[5]。とくに本件のように複雑な否認事件の審理に携わった裁判員経験者は判決後も悩んだりすることもあるのではないか。それを長期間サポートするようなシステムを確立させる必要があるであろう。

　また、裁判員経験者に対する守秘義務はやはり厳し過ぎるのではないかということを指摘したい。守秘義務があることで裁判員は安心して自由に評議できるという意見がある一方で、評議において何に悩み、どのような意見を持ったかを判決後は誰かに話したい、と考える裁判員経験者もいるであろ

（5）　読売新聞2016年4月9日付記事。

う。また今回のような多くの課題を抱える裁判ではとくに、裁判員経験者の声に社会が耳を傾ける機会があることが重要である。そのことは裁判員制度の成果を社会が共有し、この制度をより良いものにすることにつながっていくと思われるからである。

Ⅲ　今市事件裁判員裁判を振り返る

　以上、今市事件裁判員裁判の論点のうち、取調べの録音・録画映像が判断者に与え得た影響と、取調べ映像の証拠としての位置付けの問題について焦点を当てて論じた。もちろんこれ以外にもこの裁判には多くの論点──別件逮捕と取調べの受忍義務、否認事件における被害者参加制度適用の是非等──があり、これらも重要な論点となる。

　公判中、傍聴席から伺う限りではＸは憮然とした表情を見せることが多かった。Ｘは台湾の出身で、小学校高学年の頃、日本で仕事をしていた母親を頼り、来日した。学校にもなじめず、引きこもりがちだったという。被告人質問の際の供述も「です・ます調」ではなく、「〜な感じ」とか「〜なんだよね」等の語尾で終わることが多く、Ｘは必ずしも日本社会で十分なコミュニケーションの機会を得てこなかったのではないかという印象も受けた。Ｘは最終陳述で再び、「私は殺していません」とはっきりと無罪を主張したあと、３人の弁護人の名前を一人ずつ挙げ、「弁護して下さってありがとうございました。最初から信じてやれなくてごめんなさい」と深く頭を下げた。嗚咽しながら頭を下げるＸの顔から大粒の涙が落ちたことが傍聴席からも見てとれた。別件逮捕直後はＸ自身が弁護人に相談する重要性を充分に理解していなかったのだとしたら、彼の防禦のうえでは悲劇であったと言えよう。

　判決公判でＸに対して有罪判決が言い渡され、無期懲役が宣告されたとき、ある程度は結果を予想していたのか、判決の宣告の瞬間はＸの表情にとくに変化はないようにも感じられたが、量刑の理由について説明がなされると、納得いかないのか何度も首をかしげる後姿が傍聴席からは見えた。そして、裁判長が控訴について言及すると、証言台から身を乗り出すようにして

III　今市事件裁判員裁判を振り返る

聞き、「今のもう一回言って」と裁判長に対し説明を求めていたことが印象的であった。2016年4月19日、Xは判決を不服として控訴した。

　今市事件裁判員裁判は、刑事裁判において取調べの録音・録画を再生することが、今後検察官の有罪立証の大きな武器となることを明らかにした。やはり映像のインパクトは絶大である。裁判員の一人が判決後の記者会見で述べた以下のコメントはこれを如実に表している；「映像で言っていることと、法廷で言っていることが違うので、どちらが正しいかを見極める作業だった」(6)。

　今市事件裁判員裁判はまた、一部可視化の問題の大きさを再認識させるものであった。「録音・録画されていない」取調べがある以上は、最終的には、水掛け論から脱却できないことを意味する。Xも公判で「録音・録画されていない取調べで警察官から暴力を受けた」ことや「録画されると検察官の口調が優しくなった」ことを主張していた。どちらが嘘をついているかは分からない。だからこそ、任意の取調べを含め、全面可視化を行うことが絶対必要である。弁護人も「可視化されていない取調べで捜査側が圧力をかけ、意思に反した供述をさせて録音録画する意図的な運用があり得る。この事件をその先例にしてはいけない」と部分録画への警鐘を鳴らしている(7)。また、裁判員の中には記者会見で「録音・録画されていない部分で何か問題があったという議論になるので、やるからには全部したほうがいい」と注文を付けていた人もいた(8)。裁判員によるこの重要な指摘を捜査機関は真剣に受け止めるべきである。今市事件裁判員裁判はこれら多くの重要な問題を指摘する裁判であったと言える(9)。

　しかし筆者は傍聴しながら同時に、「全面可視化で問題がすべて解決できるのか」という疑問も感じていた。この裁判の傍聴を経て、映像は判断者に

（6）　読売新聞・同上。
（7）　朝日新聞2016年3月11日付朝刊。
（8）　読売新聞・前掲注(5)。
（9）　今市事件裁判員裁判の判決に対する批判的考察として、五十嵐二葉「今市判決で見えたあらたなえん罪原因『取調べの可視化』とどう闘うか」『刑事弁護』87号（2016年）159〜164頁、小池振一郎「今市判決を受けて：部分可視化法案の問題点」『法と民主主義』507号（2016年）46〜48頁など。

強い影響を及ぼすことを強く認識した。そして今後検察官は取調べの録音・録画映像を実質証拠として積極的に証拠調べ請求してくるであろう。全てを録音・録画することが重要なのは間違いない。たとえ全過程が録音・録画されたとしても、逮捕され取調べされる被疑者の精神的負担は大きいことは変わらない。とくにわが国では一つの被疑事実について逮捕・勾留が最大23日間可能であり、また弁護人の取調べ立会権は認められていない。そのような状況の中ではたとえ「全過程録音・録画」されたとしても、被疑者は精神的に追い詰められ、自白に追い込まれてしまう構造が取調べには存在する。裁判員・裁判官が公判で見る映像には「被疑者は勾留〇×日目。かなり精神的に参ってます。血圧〜〜。脈拍△△」と表示されるわけではない。多くの人は、長い身体拘束による被疑者のダメージについて思いを施せることはないであろう。映像の中には外形的には自ら進んで自白する被疑者の様子が写っているだけである。長期間の身体拘束を可能とする人質司法やえん罪の温床である代用刑事施設の廃止、また取調べの際の弁護人の立会を認める議論についても、「取調べの可視化」の議論と両輪で進めるべきである。

　今市事件の裁判員裁判が我々に問いかけたのは、「取調べの全過程可視化の重要性」と共に、「取調べの全面可視化全能論からの脱却」であったのではないか。

　2017年10月18日、東京高裁において控訴審の第1回公判が開かれた。控訴審からは新たに4人の弁護士が国選弁護人として加わり、一審からの弁護人2人と合わせて、弁護人は計6人となった。控訴審では、Ｖの体から警察官計11人のDNA型を含むDNAが検出されているのに対し、ＸのDNA型は全く検出されなかったこと、また一方で警察関係者の者でも誰のものでもないDNAが検出されたことが大きな争点となっている。検察が控訴審段階になって犯行の時間や場所を大きく広げる、訴因の追加を申請し、これが認められたことを含め、議論すべきことは多い。控訴審公判は2018年6月3日に結審し、8月3日に判決が言い渡される予定である。その判決には当然ながら大きな注目が集まるであろう。

（ひらやま・まり）

【資 料】日本弁護士連合会・平成30年3月27日付要望書

日弁連総第71号
2018年（平成30年）3月27日

法務大臣　上　川　陽　子　殿

日本弁護士連合会
会長　中　本　和　洋

取調べの録画の際の撮影方向を改めるよう求める要望書

第1　要望の趣旨

　　捜査機関による取調べの録画の際の撮影方向について，被疑者を正面から撮影する現在の方式を改め，1台のカメラで撮影する場合には被疑者と取調官を横から撮影する方式に速やかに変更するよう求める。

第2　要望の理由

　　当連合会は，2011年12月15日付け「取調べの録画の際の撮影方向等についての意見書」（以下「2011年意見書」という。）において，「被疑者を正面から撮影するという現在一般的に行われているやり方だけでなく，画像の一部は，取調官を正面から撮影する，又は被疑者と取調官を横から撮影するなど，心理学の知見も踏まえ，異なる撮影方向から録画を行うよう求める」と要請した。

　　その理由は，心理学の実験によれば，撮影方向が専ら被疑者にカメラを向けた映像（SF＝サスペクト・フォーカス）を見たグループが自白の任意性を強く認める傾向にある一方，被疑者と取調官の双方を側面から平等に撮影した映像（EF＝イコール・フォーカス）を見たグループは自白が強制的になされたものと考える傾向にあり，取調官にカメラを向けた映像（DF＝ディテクティブ・フォーカス）を見たグループが最も強制的だと評価されていることによる（ダニエル・ラシター（大江洋平訳）「取調べの可視化における『映像のあり方』」日本弁護士連合会編集協力・指宿信編「取調べの可視化へ！―新たな刑事司法の展開―」（日本評論社，2011年）214ページ参照）。

　　また，上記の心理学の実験を行ったダニエル・ラシター教授らは追加実験を行っており，それによれば，判断者として，陪審員のような一般人のみならず，裁判官であっても，自白の任意性の判断について，撮影方向の影響を免れないこと，映像のバイアスについての警告を受けても，これを拭えないことなどが明らかに

されている。
　さらに，日本の研究者の文献においても，上記の心理学の実験を紹介した上，映像を観る者に無意識のうちに与えられる偏向（カメラ・パースペクティブ・バイアス（ＣＰＢ））は被疑者にカメラを向けた映像（ＳＦ）に最も顕著に現れるとして，ＳＦ方式による録画映像のバイアスの危険性に警鐘が鳴らされている（指宿信「被疑者取調べ録画制度の最前線－可視化をめぐる法と諸科学」（法律文化社，２０１６年）２９０ページなど参照）。
　諸外国に目を向けると，ニュージーランドでは，この弊害を避けるため，被疑者を正面から撮影していた方法を変更して，被疑者と取調官を真横から撮影する方法に変更されたとのことである。また，最近になって取調べの録画を導入することとなったドイツにおいては，撮影方向を重要視し，これを法律に定めるか，運用で行うかが議論になっているが，現在は，被疑者と取調官を横から撮影するようにしているとのことである。
　以上のとおり，任意性を判断する際に使用することが想定されている取調べの録画映像は，任意性が疑わしい場合にこれを見過ごすような，偏った心理的影響を与えるものであってはならず，撮影方向について無関心であってはならない。
　当連合会は，２０１１年意見書においては，取調べの録画の実施及び試行の中で捜査機関によって様々な試みがなされることを期待し，幾つかの選択肢を掲げた。取調べの録画は，その後幅広く行われるようになってきているが，現在も被疑者を正面から撮影する方式が続けられている。特に検察庁においては，これと異なる撮影方式は行われていない。現在まで，２０１１年意見書で述べたような撮影方向に変更する試みが組織的に行われることがないまま，特定の撮影方向の録画だけがなされ，そのまま定着しようとしている。
　しかしながら，録画映像によって現在でも供述の任意性の判断をすることがあり得ることを考慮するならば，前述のような心理学の知見に反して現在の撮影方向をこのまま継続することには重大な問題がある。専ら被疑者にカメラを向けた映像（ＳＦ）では，任意性を誤って肯定しやすく，撮影方向が不適切なことにより，えん罪を生む可能性がある。遅くとも取調べの録画制度が施行される２０１９年６月までに，速やかに撮影方向を是正すべきである。具体的には，１台のカメラで撮影するのであれば，公正で中立的と考えられる，被疑者と取調官の双方を側面から平等に撮影した映像（ＥＦ）を用いるべきである。
　このような撮影方向の是正は，カメラの構造自体を変更する必要はなく，カメラと関係者の座席の位置を変更することで容易く達成できるはずである。もっとも，部屋の構造によっては，現状のままでは，全ての取調べの撮影方向を是正す

【資 料】日本弁護士連合会・平成30年３月27日付要望書

ることが困難な場合もあり，取調室のレイアウト等の変更も視野に入れ，早急な対応がなされるべきである。なお，複数のカメラで撮影するのであれば，ＥＦのみならず，取調官を正面から「引き」で撮影する方法も検討されるべきである。

よって，当連合会は取調べの録画の現在の撮影方向を要望の趣旨のとおり速やかに変更するよう求める次第である。

以上

取調べのビデオ録画
──その撮り方と証拠化──

2018年8月1日　初版第1刷発行

編　者	牧　野　　　茂
	小　池　振一郎
発行者	阿　部　成　一

〒162-0041　東京都新宿区早稲田鶴巻町514番地
発行所　株式会社　成　文　堂
電話 03(3203)9201(代)　Fax 03(3203)9206
http://www.seibundoh.co.jp

製版・印刷・製本　恵友印刷
©2018　S.Makino, S.Koike

Printed in Japan　検印省略

☆乱丁・落丁本はおとりかえいたします☆
ISBN978-4-7923-5250-9　C3032

定価(本体2,000円+税)